Adam Phillips
SOBRE DESISTIR

TRADUÇÃO **BRENO LONGHI**

Outra forma de dizer isso seria: quais são as condições de vida que ensejam o desejo de viver?
JUDITH BUTLER, *Que mundo é este?*

À medida que fui percebendo a dimensão das dificuldades do paciente, fui ficando cada vez mais deprimido. Mencionei isso para Bion, que disse: "O que isso faz você querer fazer?". Eu disse: "Desistir?". Ele disse: "É isso que a parte do grupo que não tem intenção de mudar quer que você faça [...].
ERIC TRIST, *Trabalhando com Bion nos anos 1940: a década do grupo*

A Mente é, em cada estágio, um teatro de possibilidades simultâneas.
WILLIAM JAMES, *Os princípios da psicologia*

Mas as distinções estão aí para serem feitas.
PHILIPPA FOOT, *Dilemas morais*

11	PRÓLOGO
19	SOBRE DESISTIR
38	MORTO OU VIVO
58	SOBRE NÃO QUERER
82	SOBRE SER EXCLUÍDO
101	SOBRE NÃO ACREDITAR EM NADA
124	OS PRAZERES DA CENSURA
145	SOBRE A PERDA
149	EPÍLOGO
155	AGRADECIMENTOS
156	ÍNDICE ONOMÁSTICO

Dedicado à memória de Leo Bersani e John Forrester

Prólogo

Em geral, quando alguém declara em tom corriqueiro que vai "deixar" de fazer algo, a pessoa costuma anunciar que vai abrir mão de algum prazer anestésico cotidiano, como o fumo, o álcool ou o chocolate; normalmente, a pessoa não quer dizer que pretende deixar a vida como um todo – ou seja, cometer suicídio (e note-se que as pessoas tendem a querer deixar apenas hábitos supostamente autodestrutivos).[1] Desistir de certas coisas pode ser bom para nós. Ainda assim, a ideia de simplesmente desistir nunca é atraente. Como alcoólatras que precisam que todos bebam, existe um determinado consenso cultural de que vale a pena viver (ou mesmo de que a vida é sagrada). Em termos mais simples, existem sacrifícios bons e ruins, mas nunca sabemos de antemão qual é qual. Há renúncias que encaramos como admiráveis e até mesmo desejáveis, mas há também aquelas que sentimos como profunda-

---

1 O termo que dá nome ao livro em inglês é *"give up"*, que acumula os sentidos de desistir, abrir mão, renunciar, deixar, abandonar, ceder, descontinuar, parar e entregar, dependendo do contexto em que é usado e da transitividade da locução (*"give up"*, *"give something up"*, *"give up on something"* etc.). Nesta edição, o termo predominante desse campo semântico é "desistir", mas utilizaremos outros sempre que for adequado. [N. E.]

mente perturbadoras. O que precisamos abandonar em nome da esperança e do desespero reais, o que imaginamos estar fazendo quando abrimos mão de algo? Este livro trata, portanto, da ambiguidade real e abrangente de uma ideia simples. Abrimos mão das coisas quando acreditamos que podemos mudar e desistimos quando acreditamos que não podemos mais.

Todo novo pensamento, assim como todo velho pensamento, gira em torno do sacrifício e do que precisamos abrir mão para alcançar a vida que deveríamos querer. Em nome da saúde, do planeta, de nosso bem-estar emocional e moral – e, naturalmente, em nome do lucro dos ricos –, hoje espera-se que a gente abra mão de muitas coisas. Porém ao lado dessa orgia de autossacrifícios em prol de autoaperfeiçoamento – ou, talvez, subjacente a ela – existe o desespero e o terror de querer simplesmente desistir. Há a necessidade de abafar a sensação de que nem sempre vale a pena lutar pela vida, apesar de toda a ajuda que a religião, as terapias, a educação, o entretenimento, as mercadorias e a arte em geral nos oferecem. Cada vez mais pessoas sentem que o que as motiva a seguir em frente é o ódio, o preconceito e a busca por bodes expiatórios. Como se, mais do que nunca, fôssemos seduzidos pelo que Nietzsche se refere, em *Genealogia da moral*, como "uma vontade de nada, uma aversão à vida, uma revolta contra os pressupostos mais fundamentais da vida".

A constante desilusão com a política, os relacionamentos pessoais, a exigência da chamada liberdade de expressão – e o medo dessa mesma liberdade –, o terror e o anseio pelo consenso e o consenso forçado dos vários fundamentalismos criaram um ambiente cultural de intimidação e justa indignação. É como se a ambivalência em relação a nossa vitalidade – a sensação de estar vivo que, ainda que efêmera, nos sustenta – tenha se transformado em uma tensão insuportável e que precisa ser resolvida. Portanto, mesmo que ainda sejamos incapazes de imaginar ou de descrever a vida sem a ideia do sacrifício e de sua cúmplice secreta, a concessão, não temos tanta noção do que queremos e podemos conseguir por meio desse sacrifício; seja aquilo que achamos que queremos, seja o que ainda não temos ciência de querer. A formulação de ideais pessoais e políticos se tornou muito certa, por um lado, ou precária demais, por outro. E toda a noção de sacrifício depende de sabermos o que queremos.

Abrir mão é sempre sacrificar algo em prol de outra coisa que acreditamos ser melhor. Sempre que queremos fazer algo, sempre que queremos fazer uma escolha, é inevitável perguntar: de que teremos que abrir mão? Por definição, toda escolha é excludente e revela preferência. Ou seja, há sempre uma negociação imaginária em curso: ao abrir mão de alguma coisa, abre-se espaço para outra. Não importa se é da convicção, da liberdade de expressão, da sociabilidade, da vontade, do sentido ou da própria vida que estamos desistindo – como cada capítulo deste livro aborda de maneiras distintas. O fato é que sempre pensaremos naquilo a ser recebido em troca, por mais inconsciente que seja a negociação. Sempre é válido discutir o que queremos com qualquer sacrifício. O sacrifício e seus descontentamentos – eis um tema para ser discutido. Desistir ou abrir mão de algo ou alguém sempre expõe o que supomos querer.

Portanto, devemos nos lembrar de que entregar os pontos – em sua miríade de formas – também é uma forma de ganhar pontos (e é sempre uma entrega, como alguém que se entrega às autoridades). Desistir de algo é buscar uma vantagem presumida, um prazer aparentemente preferido, mas no contexto de uma economia incompreensível ou, como acontece em todas as economias, imprevisível. Como se em determinados momentos da vida recebêssemos a ordem: "Desista!", ou "Abra mão disso!", disparando uma espécie obscura de desejo, esperança e barganha. Calculamos, até onde podemos, o efeito de nosso sacrifício, o futuro que queremos dele (nunca fica claro, por exemplo, se o sacrifício é um apelo, uma coerção, ou ambos, uma manipulação, uma entrega total, ou ambos). Como se, em determinados momentos da vida, perguntássemos o que devemos fazer para alcançar certas pessoas, ou a nós mesmos: para alcançar a vida que queremos. Perguntamos o que vamos ter que perder para ganhar aquilo que achamos que queremos. Naturalmente, esses são os movimentos de um animal onisciente, que afirma ser capaz de saber o que quer, e para quem a única ação imaginável é conhecer as próprias vontades e ter boas ideias sobre como saciá-las. O sacrifício, ou melhor, a desistência é uma forma de previsão.

Crianças são entregues para a adoção, exércitos se entregam quando são derrotados na guerra e as pessoas entregam os pontos quando não aguentam mais. Em cada um desses exemplos, é como se algo fosse dado, um acordo necessário firmado, um ponto alcançado, uma crise provocada e uma troca iniciada. Como se a desistência se relacionasse com a transição e a transformação, tanto quanto com o sucesso e o fracasso (toda a ideia em torno da desistência é um ímã para moralismos: sempre que surge a opção de desistir, as críticas e os julgamentos se tornam irresistíveis). Desistimos ou abrimos mão de algo quando acreditamos não conseguir mais continuar como estamos. Portanto, uma desistência de alguma forma é sempre um momento crítico, por mais tentados que estejamos a minimizá-lo. Porém desistir como um prelúdio, como condição para que outra coisa aconteça, como forma de antecipação ou espécie de coragem é o sinal da morte de um desejo; e, pelo mesmo motivo, é capaz de abrir espaço para outros desejos. Em outras palavras, desistir é a tentativa de criar um futuro diferente: embora, naturalmente, saibamos que as consequências de nossas ações podem divergir de nossas intenções (desistir é ao mesmo tempo um risco e um vaticínio).

O pragmático em nós se pergunta se qualquer sacrifício – ou se o próprio ato de se sacrificar – nos trará a vida que queremos, ou que não sabemos que queremos. E esse mesmo pragmático também pode se perguntar por que colocamos essa experiência nesses termos, por que falamos em "desistir": qual o propósito de conferir essa descrição em particular a algo que fazemos com alguma frequência, mas parecemos não conseguir requalificar? Afinal, se desistir não passa de mudar de ideia, revisar, reconsiderar ou repensar – ou qualquer outra expressão para a própria requalificação –, então desistir é uma maneira de mudar a aparência das coisas. E, por ter outra aparência, uma maneira de trazer consequências diferentes. Talvez não precisemos pensar na vida em termos de perdas e ganhos, ou lucro e prejuízo, como a ideia de desistir pode implicar, reforçando assim uma norma cultural muito apreciada. Talvez não precisemos perder a vida para encontrá-la; podemos simplesmente procurá-la por aí (encarar o luto talvez não seja o que mais queiramos fazer, nem a única coisa a ser feita, nem aquilo que somos obrigados a fazer). Talvez tenhamos subestimado nossas tentações. Pode ser que tenhamos nos distraído com uma analogia.

Em seu impressionante e norteador *A Life of One's Own* [Uma vida própria] – um livro que fala sobre como podemos sustentar nossa vitalidade: a sensação de vitalidade, de estar vivo, é o verdadeiro antídoto contra a desistência –, a artista e psicanalista Marion Milner descreve sua tentativa de "decidir qual era seu objetivo na vida":

> [...] descobri que eu não fazia ideia. Decidi manter um diário e registrar o que eu considerava a melhor coisa que havia me acontecido durante o dia, na esperança de descobrir o que eu realmente queria. Também fui estimulada pela leitura dos *Ensaios* de Montaigne e por sua insistência no fato de que aquilo que ele chama de alma é totalmente diferente do que se espera que seja, e muitas vezes o oposto.

Como pessoa moderna, ela começa tentando descobrir o que quer e, então, qualifica sua fala ao se referir a Montaigne, para quem a "alma é totalmente diferente do que se espera que seja, e muitas vezes o oposto". Ela acreditava que sua essência, sua alma, tinha a ver com aquilo que ela queria de verdade, aquilo que a fazia feliz;

ela presumiu que devia ter um objetivo na vida, mesmo que ainda não soubesse qual. Então, Montaigne a recorda de que há uma parte de si – talvez a parte mais importante – que é totalmente diferente e pode até ser oposta ao que ela presume querer (que toda essência sugere outra). Nesse contexto, isso significaria que ela também não quer um objetivo na vida; talvez ela não se importe de fato com o que a faz feliz e com o que ela quer. Ou talvez haja outras coisas mais importantes para ela. A ideia de que a vida tem um objetivo, ou de que a felicidade é o que queremos, pode ser uma forma de estreitar a mente ou de reduzir a si mesmo.

Por meio desse projeto extraordinário, Milner fez uma descoberta. Ela percebeu que parecem existir dois tipos de atenção, a Atenção Estreita e a Atenção Ampla. Vale destacar que ela só precisa da linguagem comum para o que ela quer, e para o que quer expressar; e que foi a atenção que chamou sua atenção:

1. Atenção Estreita. Esta primeira forma de perceber parece ser automática, o tipo de atenção que minha mente dedica aos afazeres cotidianos, quando funciona por conta própria [...] esse tipo de atenção tem o foco mais estreito, o que significa que ela serve a seus interesses imediatos e ignora o resto. Me parecia que essa atenção era uma "fera farejadora", com o focinho colado à trilha, fixada no rastro de um cheiro, mas cega para os entornos mais amplos. Ela enxergava os itens de acordo com sua serventia, os via como meios para seus fins, sem se interessar neles pelo que eram. Essa atitude provavelmente era essencial para a vida prática. Por isso, suponho que, do ponto de vista biológico, esse seria o tipo de atenção que ocorre naturalmente [...].
2. Atenção Ampla. A segunda maneira de perceber parecia ocorrer quando o ímpeto farejador era mantido sob controle. Então, como não se queria nada, não havia necessidade de escolher olhar um item em detrimento de outro, o que permitiu uma visão concomitante do todo. Olhar para algo e não querer nada daquilo – isso

parecia ser essencial para essa segunda maneira de perceber [...] se por acaso descobríssemos o jeito de manter a atenção ampla, a mágica aconteceria.

A "mágica" é "fazer o tédio e o cansaço desabrocharem e se transformarem em um contentamento imensurável"; o segundo tipo de atenção "apresentou uma espécie de deleite completamente desconhecido do primeiro". A Atenção Ampla reencanta o mundo, a Atenção Estreita pode diminuí-lo. A Atenção Estreita cria um certo tipo de pessoa – é uma maneira de se definir em demasia; a Atenção Ampla oferece alternativas, maneiras alternativas de olhar para si e para os outros. Claramente, o que Milner descreve como Atenção Ampla é uma forma de atenção livre de objetivos, vontades e satisfações convencionais (é uma versão do esquecimento de si); e ela descreve em detalhes vívidos seus esforços para alcançar essa Atenção Ampla, libertada de funções darwinistas, freudianas e, de fato, aquisitivas. Milner reconhece que essa é uma versão do que William Blake chama de "visão", pois aceita que toda ideologia de valia só pode existir enquanto provocação.

Enquanto "fera farejadora", a Atenção Estreita é parte de um projeto conhecido, o projeto de alguém que aparentemente sabe o que quer e que entende a vontade (e o desejo de satisfação) como sua característica definidora. Em um estado de Atenção Ampla, não é possível saber de antemão o que queremos, e não podemos presumir que o querer é o mais importante, que o que estamos fazendo é querer, ou que querer é a única coisa que podemos fazer. Como um relato da atenção predatória e não predatória, Milner nos oferece dois pontos de vista alternativos, duas formas de olhar. Vale destacar que ela reconhece a necessidade dos dois tipos de atenção. Em vez de nos convocar, nos ensinar ou nos persuadir a sacrificar um tipo em favor do outro, Milner quer que nos tornemos capazes de usar os dois tipos de atenção para coisas diferentes. Não é uma história sobre abrir mão de algo, e sim sobre a ampliação de um repertório; ou sobre o que o poeta William Empson chamou de "atravessar as contradições". Perdemos a chance de aproveitar as vantagens e os benefícios de uma contradição quando tomamos partido.

Será que conseguimos qualificar o sacrifício sem nos deixar ser indevidamente impressionados por ele, sem glamurizá-lo, seja como tragédia, seja como farsa? Será que conseguimos atentar para a distração do sentimento de superioridade interior gerado pelo sacrifício, sem nos sentirmos superiores por reconhecê-la? Ou melhor, podemos falar sobre desistir – requalificar a desistência – como um útil indício de nossa complexidade moral e emocional, em vez de mais uma de nossas provações prediletas? Este livro pretende dedicar ao ato de desistir a Atenção Estreita e a Atenção Ampla que hoje lhe parecem ser tão bem-vindas.

Sobre desistir

Vou continuar.
SAMUEL BECKETT, *O inominável*

I

"A partir de certo ponto não é mais possível voltar atrás. Este é o ponto que tem de ser alcançado." Esse é um dos aforismos de Zürau, escritos por Kafka durante a guerra – entre 1917 e 1918 –, logo depois de ele receber o diagnóstico da tuberculose que por fim o mataria. "A partir de certo ponto não é mais possível voltar atrás. Este é o ponto que deve ser alcançado." Por quê? Seria porque sempre há a tentação de desistir? Ou, de maneira mais sugestiva, porque sempre há a tentação de voltar atrás, dar meia-volta: de voltar, digamos, ao passado, ao ponto em que tudo começou, de refazer os passos; ou simplesmente de voltar à época em que é possível escolher desistir, ou escolher de novo aquilo que você realmente quer fazer; como se o progresso, ou a conclusão ou o comprometimento, dependesse de chegar ao ponto em que não há mais retorno. É nesse ponto que, supostamente, por fim tomamos uma decisão. A crise da escolha acabou; não estamos mais à procura de saídas e álibis; não somos mais seduzidos por alternativas e adiamentos. Eis o ponto em que sabemos o que queremos; em que não somos mais as criaturas complicadas e conflituosas que éramos até então. Nossas dúvidas foram finalmente suspensas. Estamos, em certo sentido, livres. O ponto em que não é possível voltar atrás sugere, naturalmente, que já voltamos atrás outras vezes, ou que tivemos vontade de voltar atrás. Como se tivéssemos sempre que enfrentar o desejo de voltar atrás – como uma tentação, ou simplesmente como escolha. Como se também fôssemos movidos pelo desejo das ações incompletas, pelo prazer da indecisão, da incerteza e do adiamento, pela vontade de desistir. Em outro aforismo, Kafka escreve que "ele tem a sensação de que, pelo simples fato de estar vivo, está bloqueando o próprio caminho".

Claramente, Kafka quer que pensemos sobre nossa relação com a oportunidade, com a opção de desistir; ou com a desistência por vezes implicada em voltar atrás ou bloquear nossos próprios caminhos. Sobre como a ideia de desistir figura em nossa vida como um chamariz perpétuo e um medo constante. A desistência que nos alija daquilo que queríamos, ou acreditávamos querer. O ato de desistir ligado a um senso de impossibilidade ou de possibilidades que se esgotam, de chegar ao fim de algo. De precisar se desonerar. De se excluir – talvez por falta de recursos, ou conhecimento, ou coragem, ou sorte – de um projeto outrora considerado seu. Jonathan Lear sugere que "uma pessoa corajosa sabe se nortear em relação ao que é vergonhoso e amedrontador". Costumamos enxergar a desistência, de maneira geral, como falta de coragem, como uma forma inapropriada ou censurável de se nortear em relação ao que é vergonhoso e amedrontador. Isso quer dizer que costumamos valorizar e até mesmo idealizar a ideia de levar as coisas a cabo, ou concluí-las, em vez de abandoná-las. A desistência precisa ser justificada, o que não acontece com a conclusão; desistir geralmente não nos deixa orgulhosos; significa ficar aquém da pessoa que preferíamos ser; a menos, é claro, que seja sinal de um realismo definitivo e definidor, do que chamamos de "conhecer nossos próprios limites". Em outras palavras, a desistência costuma ser vista como um fracasso, em vez de uma maneira de obter sucesso em outra coisa. Vale a pena se perguntar: a quem acreditamos que devemos justificativas quando desistimos ou quando decidimos resolutamente não desistir?

É claro que voltar atrás e desistir nem sempre são a mesma coisa: voltar atrás em um livro que estamos lendo é muito diferente de desistir dele. Voltar atrás em uma caminhada pode ser muito diferente de desistir dela. Quando queremos voltar o relógio, não estamos desistindo do tempo. Em suma, voltar atrás pode envolver a reconsideração; já desistir sugere o abandono (e, quando realmente desistimos, não é possível voltar atrás). Ambos são formas de reversão, expressões de dúvida sobre o progresso e o desejo ou, ao menos, sobre a direção e o propósito. Kafka, portanto, nos alerta essencialmente para uma angústia relacionada com a intenção: a intenção de sabotar nossas intenções, de duvidar de nossos desejos, de nossa capacidade de realizá-los. Às vezes, a tentação de desistir pode ser diferente da tentação de voltar atrás, mas cada uma nos diz algo sobre a desistência, que é um caso especial de mudar de ideia, de repassar nossas intenções, de repensar uma decisão, de destruir algo. Para os fins deste livro, quero interpretar o aforismo de Kafka da seguinte maneira: "A partir de certo ponto, não é mais possível desistir. Este é o ponto que deve ser alcançado"; e quero dizer que a relação com a desistência é tão formadora em nossas vidas quanto, por exemplo, a relação com receber ajuda; e sugerir, por implicação, que há uma tirania da conclusão, do ato de terminar as coisas, capaz de inadvertidamente limitar nossa mente. Nossa relação com a desistência e nossa relação com receber ajuda nos confronta com aquilo que compreendemos como nossa dependência; a dependência daquilo que precisamos, e precisamos fazer, e daquilo que não precisamos ou não conseguimos fazer. Quando sabotamos ou desistimos de depender de nosso ideal de eu – de nossas fantasias sobre a pessoa que acreditamos que deveríamos ser –, tanto nossa dependência como a natureza e a função de nosso ideal de eu são expostas. Quando nossas versões preferidas de nós mesmos não são uma inspiração, elas são uma tirania (uma tirania com a qual podemos nos humilhar). Nosso histórico de desistência – ou seja, nossa atitude diante dela, nossa obsessão por ela, nossa rejeição de seu significado – podem ser um indício de algo a que na verdade deveríamos nos referir como nosso histórico, e não nosso ser. Trata-se de um indício das crenças e sentenças em torno das quais nos organizamos. Se encaramos a desistência como uma catástrofe a ser evitada, que imagem formamos da desistência de fato? Quando não nos deixamos afetar demais pela desistência, percebemos aquilo que valorizamos. Criamos todo um mundo a partir disso.

Heróis e heroínas são pessoas que não desistem; às vezes eles voltam atrás, mas no fim sempre perseveram. Como veremos, os heróis trágicos são exemplos catastróficos da incapacidade de desistir. Nesse sentido, a tragédia nos convida a reavaliar certas versões da desistência. Os heróis de Kafka costumam ser extremamente tenazes: eles raramente desistem, apesar dos muitos incentivos nessa direção (o que há de heroico no heroísmo é, precisamente, a resistência a desistir, ou talvez a fobia da desistência). Ser preso sem razão aparente, despertar como um inseto: imagina-se que essas situações envolveriam ao menos uma grande vontade de desistir. Porém o mais impressionante em relação aos heróis de Kafka é como eles se mostram pacientes diante da própria desesperança e do próprio desamparo. "Há esperança, mas não para nós." É tentador considerar que a esperança existe; apenas não está ao nosso alcance. Assim, podemos logicamente perguntar: em que sentido ela existe? Que relação podemos ter com ela? Pode-se responder que se trata de algo que queremos, mas que nos escapa: ela existe apenas em nosso querer, o que pode ou não ser motivo suficiente para desistirmos dela. Portanto, desistir da esperança significa simplesmente desistir de querer a esperança, pois desistir é sempre desistir de querer algo ou alguém, desistir de querer ser alguém. Aquilo de que desistimos, em qualquer situação de desistência, é sempre o querer. "Existe um destino, mas não um caminho; o que chamamos de caminho é hesitação", escreve Kafka em outro aforismo. Não é possível desistir de querer um destino. A hesitação é parte integral do querer, um momento de reconsiderar a perspectiva de desistir. Aparentemente, não podemos abrir mão de ter ideais de eu, do fato de que há pessoas que gostaríamos de ser, lugares onde gostaríamos de ir; do fato de que há sempre uma versão de nós ainda por alcançar. Há sempre algo que queremos ou que pensamos necessitar (esperança, destino, não voltar atrás, satisfação), mas, como não podemos abrir mão de querê-lo, temos de fazer uma nova descrição do processo de querer, de nossa forma de lidar com o querer (se há esperança, mas não para nós, nossa esperança precisa ser diferente; se há um destino, mas não um caminho, precisamos de uma nova atitude em relação aos destinos). O artista da fome nunca desiste de querer jejuar, mesmo que o jejum já esteja saindo de moda como entretenimento popular; no entanto, para conseguir jejuar ele não pode morrer de fome. Ser um artista da fome significa jamais chegar ao fim da inanição, assim como nas relações sadomasoquistas o sádico nunca pode matar o masoquista, pois ele precisa continuar torturando-o. É melhor viajar com esperança do que chegar, mas acontece que você pode ter de viajar sem esperança e nunca chegar. Sem dúvida, você nunca chega exatamente ao ponto que havia antecipado.

O título da parábola "Vor dem Gesetz"[1] de Kafka sugere que existe um tempo antes da lei e que estamos todos diante da lei, uma vez que estamos sujeitos a ela. Diante da lei está um porteiro.

---

1 Tanto o título original em alemão como a tradução para o inglês, "Before the Law", encerram um duplo sentido que a tradução para o português ("Diante da lei") não preserva: *perante* a lei e *antes* da lei. [N. T.]

Um homem do campo chega a esse porteiro e pede permissão para entrar na lei. Mas o porteiro diz que agora não pode permitir sua entrada. O homem do campo reflete e pergunta se isso significa que sua entrada será permitida mais tarde. "É possível", diz o porteiro "Mas agora não". O homem do campo, em um constante adiamento de seu desejo, espera sentado até morrer, mas, pouco antes de sua morte, o porteiro berra a plenos pulmões, "para conseguir alcançar sua audição já debilitada": "Aqui ninguém mais tinha permissão de entrar, pois esta entrada estava destinada apenas a você. Agora vou fechá-la". O homem só desiste quando o porteiro sádico desiste dele. Note que nenhuma atenção é dada aos efeitos que a desistência surtiria, à forma que a desistência tomaria. No pano de fundo das histórias de Kafka, muitas vezes há a promessa de algo, mas de algo que nunca acontece, como se o tema de Kafka não fosse o que costumávamos chamar de pavor existencial, e sim a tentação. O fascínio das possibilidades interditadas. A liberdade muito real envolvida na capacidade de voltar atrás, ou de desistir, parece ser uma liberdade temida por Kafka: ele quer alcançar o ponto em que não é mais possível voltar atrás, voltar atrás de querer aquilo que se quer. E que se quer a qualquer custo. Como se querer fosse – para Kafka (mas não só para Kafka) – um vício. A autocura por ter sofrido a tentação é virar o jogo e se tornar o tentador, ou desistir de querer: duas formas de vingança, duas formas de crueldade para consigo.

Kafka, que desistiu de todas as mulheres com quem pensou em se casar, não conseguia desistir do tema da desistência. Então, mesmo quando ele escreve sobre o tema perene da busca por uma maneira de desistir do sofrimento – o sofrimento próprio e o alheio –, ele contorna isso de uma forma ao mesmo tempo engenhosa e verdadeira: "Você pode se afastar dos sofrimentos do mundo – é algo que tem a liberdade de fazer e corresponde à sua natureza, mas talvez seja esse afastamento o único sofrimento que você conseguiria evitar".

Podemos perguntar, de um modo pragmático e diferente de Kafka: para quais fins seria útil escrever isso? Um propósito seria tentar compreender onde e em quais situações a desistência é impossível ou inviável. Você pode dar meia-volta, pode dar as costas ao sofrimento alheio, mas esse afastamento parece ser o único sofrimento de fato evitável. Sofremos por não reconhecer o sofrimento alheio. Então, outra razão pragmática para escrever esse aforismo é alertar para o custo pessoal de ignorar ou de querer evitar o sofrimento alheio. Novamente em Kafka, é preciso desistir da desistência, como se, para ele, a maior dificuldade fosse sempre alcançar o ponto em que não é mais possível voltar atrás. A preocupação de Kafka – o tema de muitas de suas parábolas e o desejo de muitos de seus heróis – é o custo, o sofrimento envolvido na desistência. Descobrir formas de não desistir é sua obsessão (na linguagem da mitologia das pulsões de Freud, Kafka estava sempre tentando evitar o triunfo da pulsão de morte, mas sem reafirmar a pulsão de vida). Podemos concluir que, para Kafka, desistir era um prazer proibido: é preciso resistir ao fascínio da desistência, aos prazeres do fracasso. A concretização da desistência era o impensável, o inescrevível para Kafka. Mas a propósito de quê? Não querer ser o tipo de pessoa que desiste? Ou, em linguagem freudiana, não trair o próprio ideal de eu, a pessoa que gostaria de ser?

II

Há pelo menos três significados claros para a desistência, que reaparecem de diferentes maneiras e estão no âmago das preocupações de Kafka: derrota e sacrifício; fracasso e concessão; ou fraqueza e realismo. A ambiguidade do termo "desistir" é esclarecedora: sempre se desiste de algo; algo ou alguém é sacrificado. E o sacrifício, seja lá o que for, é um prazer sádico. Em outras palavras, talvez não devêssemos subestimar os prazeres da desistência, por mais proibidos e vergonhosos que possam parecer. Ninguém escreve um elogio da desistência, assim como ninguém escreve odes à vergonha. A questão que pretendo abordar não é por que desistimos, mas por que não desistimos. Por que nos interessamos menos por já ter desistido do que por evitar desistir? Como se a desistência não devesse ser refletida previamente, ou como se alcançar sua conclusão lógica levasse apenas e exclusivamente a pensamentos sobre suicídio. O que estamos fazendo a nós e aos outros quando não desistimos (algo que a tragédia está aí para nos ajudar a pensar)? "Só existe um problema filosófico realmente sério: o suicídio. Julgar se a vida vale ou não vale a pena ser vivida é responder à pergunta fundamental da filosofia", escreveu Camus em 1942.

Nessa passagem de *O mito de Sísifo* – em que Sísifo é o mestre absurdo, atormentado e exemplar da não desistência –, Camus sugere que a forma máxima ou absoluta da desistência, o suicídio, é o único problema filosófico realmente sério. Claramente, tudo (ou tudo que acreditamos que deveríamos fazer com nosso tempo) depende do pressuposto eternamente duvidoso (ou da convicção) de que vale a pena viver – uma questão que nunca ocorre às crianças, exceto histrionicamente. Como todos sabemos, é na adolescência que a questão começa a aparecer (na adolescência começamos a indagar se o prazer vale o esforço). A noção de que vale a pena viver não se apresenta a nós enquanto crença; é mais provável que continuemos a viver como se isso fosse verdade. Portanto, quando começamos a questionar isso enquanto crença, já estamos nos indagando: para que vale a pena sobreviver? A resposta de Darwin – algo entre uma charada e uma piada – é que vale a pena sobreviver para poder continuar sobrevivendo (e sobrevivência, nesse caso, significa reprodução *ad infinitum*). A resposta de Freud, mais próxima do senso comum, mas não menos perturbadora, é a de que vale a pena sobreviver pelo prazer. A resposta de Marx é a justiça social e as relações sociais que não se baseiam na exploração. Obviamente, cada um de nós quer ou precisa encontrar a própria resposta, sem deixar de perguntar por que precisamos de boas razões – ou de qualquer razão – para continuar vivendo, enquanto nenhum outro animal parece precisar de razões para viver. As razões, é claro, são feitas de linguagem.

Boas razões (ou razões corretas, para usar a terminologia mais interessante de Winnicott) – e a razão em si mesma – são o que o suicídio nos leva a considerar e discutir: o que sustenta o desejo de alguém continuar vivendo, em oposição a desistir desse desejo ou a atacá-lo (e é sempre válido considerar o que ou quem é atacado na desistência). Sempre há duas coisas obviamente impressionantes a respeito do suicídio (embora sua obviedade também seja motivo de reflexão): é uma ação profundamente perturbadora e que deixa todos aqueles que conhecem a pessoa que a tomou obcecados pela causalidade, pela questão de como e por que isso aconteceu, e o que poderia ter sido feito para evitá-la (Winnicott conta que quando uma pessoa dizia que queria se matar, ele nunca tentava dissuadi-la; apenas buscava assegurar que ela faria isso pelas razões corretas). Parece quase ininteligível, ou talvez um fracasso pessoal, que alguém possa fazer isso, como se o desejo de se liberar – de se expulsar, de ficar de fora do próprio projeto – fosse uma dúvida, uma violência que foi longe demais. Sentimos que não se pode desistir da vida (ou que a vida precisa ser sacralizada para manter seu valor). Nunca é claro para nós, herdeiros de um cosmos sagrado, se o suicídio é o triunfo da agência do indivíduo ou o triunfo de algo distinto dessa suposta agência (algo com que apenas um demônio poderia nos tentar); nunca sabemos ao certo se o suicídio é o que podemos chamar de escolha ou se seria a renúncia da escolha – a escolha de, entre outras coisas, desistir de escolher. Resta a nós indagarmos se alguma coisa poderia predispor uma pessoa ao suicídio. O que é que poderia haver em uma vida, ou na vida em si, para tornar essa decisão inequívoca? E, partindo do mesmo princípio, de onde viria a necessidade premente de ver o suicídio excluído de nosso repertório?

E naturalmente, ainda assim, antes de qualquer suicídio há um histórico mais ou menos sério de recusas, evitamentos e supostos fracassos. Antes do suicídio vêm outras formas menores de desistência. No fluxo ordinário dos acontecimentos, quando desistimos, ou desistimos de algo ou alguém, não questionamos ostensivamente se vale ou não a pena viver: perguntamos se vale a pena fazer aquilo que queríamos, ou se temos a capacidade de fazê-lo. Quando desisto, admito o fracasso ou reconheço a perda do desejo, ou a busca pelos prazeres da sabotagem. Porém, seja qual for o motivo, desistir se tornou nessa situação aquilo que busco e quero fazer.

III

A eloquência da inadequação é
extremamente reconfortante, envolvendo
o homem fútil em postulações
glamurosas sobre o impossível.
HUGH KENNER, *O poeta invisível: T. S. Eliot*

Em *Além do princípio de prazer*, Freud descreveu uma versão daquilo que chamo de desejo de desistir como pulsão de morte: "Fomos levados a diferenciar dois tipos de pulsão: a que quer encaminhar a vida à morte e a pulsão sexual, que sempre busca e estabelece uma renovação da vida". O que levou Freud a isso jamais foi esclarecido, a não ser por aquilo que parece ser um sentido disseminado de autodestruição entre as pessoas que ele tratou. Freud usa a psicanálise para perguntar: por que as pessoas são viciadas no próprio sofrimento? O que as leva a abrir mão do próprio contentamento e a atacá-lo com tanto entusiasmo e engenhosidade? Embora, como observou Freud, seja preciso "admitir que [a pulsão de morte] não se acha inteiramente a salvo de objeções teóricas", dado que "a hipótese da existência [dessa pulsão] está baseada essencialmente em razões teóricas"; e como o seguidor de Freud, Ernest Jones, escreveu, "nenhuma observação biológica sugere a ideia de uma pulsão de morte, que contradiz todos os princípios biológicos". Quero sugerir que a pulsão de morte foi a maneira encontrada por Freud para lidar com a parte de nós que procura, em seu nível extremo, menos vida, em vez de mais vida; a parte de nós que quer desistir, que perdeu as esperanças, do esforço perpétuo de tentar e de alcançar uma renovação da vida. E, nessa versão, a desistência é novamente considerada plenamente destrutiva; como se acreditar que não vale a pena viver fosse sempre destrutivo, em vez de plausível, convincente, realista ou até mesmo atraente. Podemos considerar que Freud está delegando a um impulso a parte de nós que ama desistir, que deseja desistir; e ao chamar isso de impulso – atribuindo um status quase biológico –, ele evita dizer que existe uma parte de nós que tem razões muito boas, convincentes e atraentes para desistir da vida e que muitas vezes não quer continuar a viver. Evita dizer que existe um debate contínuo dentro de nós – o qual Freud eleva ao nível de uma "guerra" – para determinar se realmente acreditamos que vale a pena viver; se compensa viver, apesar das dificuldades. É fácil entender por que um imigrante judeu em Viena na virada do século XX poderia se sentir assim, sem falar em seus contemporâneos. Como alcoólatras que precisam que todos bebam, o desejo de viver é implicitamente descrito como um vício ou uma ordem oficial, em vez de um tipo de questão ou conflito.

Quando Freud sugere em seu ensaio sobre o narcisismo que "o ódio é mais antigo que o amor"; quando propõe que o organismo quer "morrer à própria maneira" e quando escreve sobre as "forças pulsionais que buscam encaminhar a vida à morte", ele não está se referindo apenas ao fato de que algo dentro de nós eventualmente nos mata; ele também argumenta que existe uma parte do ser que deseja a morte; que quer aniquilar a chamada pulsão de vida, que não quer sobreviver a qualquer custo, a despeito da verdade preferida de Darwin (embora, naturalmente, Darwin tenha nos mostrado que a vida não é especial, e que não há nada de especial a respeito desse fato). As duas pulsões "míticas" de Freud, Eros e Tânatos, descrevem o que ele considera ser a guerra constitutiva que ocorre dentro de nós. Para Freud, "o objetivo de Eros é estabelecer unidades ainda maiores e preservá-las dessa forma – ou seja, ligar uma coisa à outra; o objetivo das pulsões destruidoras, por outro lado, é desfazer conexões e destruir as coisas". Uma das razões pelas quais a desistência é tão malvista – ninguém diz que certa pessoa "é muito boa em desistir" ou que "desistir faz bem" – é que mesmo as desistências cotidianas são vistas como um prenúncio tenebroso, ou um lembrete, da desistência máxima representada pelo suicídio, ou, mais brandamente, da experiência de uma espécie de morte-em-vida; ou ainda, em linguagem freudiana, o sorrateiro, "silencioso" e crescente triunfo da pulsão de morte, o amortecimento da paixão, a destruição de toda vitalidade. Como se desistir fosse o pior dos sinais e o desejo de desistir devesse ser motivo de extrema preocupação. Como se fosse uma espécie de vírus, ou uma epidemia. Existem versões da psicanálise pós-Freud – em especial a de Melanie Klein – que tratavam basicamente do funcionamento da pulsão de morte e de como ela pode ser contestada e manejada.

Quando Freud escreve sobre o funcionamento silencioso da pulsão de morte, ele descreve algo que insidiosa e às vezes secretamente mina nossa vitalidade, nossa busca pelo futuro (que é uma forma de obter mais vida). Creio, portanto, que a razão pela qual Freud propõe algo que ele mesmo admite ser "teórico" – impossível de verificar ou falsificar empiricamente – e sem validade biológica clara (em termos darwinistas, como poderia haver um instinto contrário à sobrevivência?) é sua necessidade de encontrar um meio de abordar, reconhecer ou debater a experiência humana moderna, o desejo de desistir. O mais secular de todos os desejos, pode-se dizer.

Vale destacar, de passagem, que ao descrever Eros e Tânatos Freud não menciona o tabu do incesto, embora sua descrição do projeto de Eros – "estabelecer unidades ainda maiores" – pareça incluir o desejo incestuoso. Porém o tabu do incesto parece ser uma sombra pálida do terrível e perturbador tabu do suicídio, da falta de vontade de viver, da descoberta de que não vale a pena encarar os sofrimentos da vida. De que talvez a própria vida seja insuportável. Seja patologizando esse fenômeno como depressão, ou como o que os psiquiatras chamam de "ideação suicida", ou como qualquer outra das doenças desvitalizantes e perturbadoras a que estamos sujeitos, por algum motivo desistir parece ser justamente aquilo que não devemos fazer. Quero sugerir que ficamos – ou podemos ficar – indevidamente apavorados ou intimidados pelo desejo de desistir, e que a assustadora associação entre a renúncia e o suicídio nos impediu de pensar em formas de renúncia mais brandas, mais instrutivas e mais promissoras. E nos fez parar de pensar com honestidade sobre o suicídio. Se o sexo precisa ser destraumatizado ao ser desvinculado do desejo incestuoso, a desistência precisa ser destraumatizada ao ser desvinculada do suicídio. Se precisamos falar sobre pulsões nesse contexto (ainda que isso não seja necessário), eu gostaria de requalificar a pulsão de morte freudiana como uma "pulsão de desistência", na esperança de abordar a desistência com mais seriedade. Isso significa não atribuir uma aura de sobriedade portentosa a essa pulsão – podemos encarar Sísifo, por exemplo, como uma reviravolta cômica. A desistência, que faz parte do repertório de todos nós, deveria ser ensinada na escola. Precisamos nos perguntar sobre como a desistência seria, como ela soaria, se o suicídio não fosse paradigmático da desistência, ou se não fosse o único paradigma; e se a ideia de que vale a pena viver não fosse tomada como autoevidente, em um sentido quase religioso. Torturamos pessoas quando obrigamos a continuar vivendo aqueles cuja vida é uma tortura.

Talvez devêssemos nos recordar de como o escritor Samuel Johnson define "desistir": "resignar-se, renunciar, ceder, abandonar, entregar-se". A não ser por "abandonar", essas palavras são curiosamente brandas para um homem que entendia tanto sobre o que pode tornar a vida insuportável (realmente, é chocante pensar em tudo o que as pessoas aguentam; é impressionante como tão poucas pessoas se matam). Já era e continua sendo surpreendentemente difícil descriminalizar a desistência, em todas as suas formas.

Os chamados heróis trágicos, que mencionei anteriormente, são pessoas que nunca desistem; ou melhor, são pessoas aparentemente incapazes de desistir, ou que não estão dispostas a fazê-lo. São pessoas para as quais desistir não é uma opção real. Pode-se dizer que elas sofrem precisamente da recusa de desistir. Há algo de incansável na forma como se comportam, algo de onisciente na tirania à qual se submetem. Lear, Otelo, Macbeth, Tímon (e Hamlet, de modo totalmente diferente) não podem ser desviados nem dissuadidos de forma significativa dos objetivos que assumem. A tragédia é criada por pessoas que se recusam a desistir. E, da mesma maneira, ela explora – muitas vezes por implicação – o que a desistência poderia representar a qualquer momento. Ela nos faz indagar que catástrofes seriam evitadas pela recusa em desistir. Para o herói trágico, desistir significa mudar de rumo, ou mudar de ideia. Significa abrir mão de um conjunto de crenças organizadoras. Assim como o tirano, o herói trágico é a versão extrema de uma pessoa que precisa regular excessivamente a complexidade da própria mente. Nesse contexto, desistir é se desiludir, o que sempre traz consigo a possibilidade de se iludir novamente ou de se tornar mais realista. Desiludir-se é permitir a dúvida, é enxergar supostamente com mais clareza, quaisquer que sejam as reações emocionais que isso suscite, quaisquer que sejam as consequências (um caso amoroso, uma revolução, um voto religioso, a escolha de um trabalho). Portanto, em um dos extremos desse espectro imaginário, a desistência aparece como uma espécie de desilusão esclarecedora, que traz consigo a suposição e a possibilidade de um futuro; no outro extremo há a desilusão terminal, que leva ao suicídio. Desistir como um estado de transição, ou como um fim absoluto e determinado; desistir como forma de dar sentido a um encerramento, ou como uma sabotagem da produção de sentido e de todos os encerramentos futuros. Desistir para suportar a perda, ou para abolir a perda. Resta saber de onde vêm nossas ideias sobre a desistência, ou a imagem que fazemos dela; como imaginamos ser a desistência. Ou como podemos usar a desistência. E é nesse ponto que a tragédia pode ser instrutiva.

IV

Macbeth sugere uma direção: se o suicídio não é nosso modelo de desistência, o sono pode ser. Todas as noites desistimos: abrimos mão da consciência, deixamos de pensar, abandonamos a vigilância, abdicamos da atenção ou da inércia. Em outras palavras, desistimos, renunciamos à vigília. Nas palavras de Johnson, nós cedemos. (Poderíamos usar outros termos: desertamos, nos retiramos, nos entregamos à inconsciência.) Podemos pensar que o sono é uma versão benigna, alentadora e restauradora da desistência; como uma imagem mais tranquilizadora e vivaz de como seria desistir, uma imagem diferente da oferecida pelo suicídio. Dormir é o antídoto e o indício de um sentido mais amplo de desistência. Vale recordar que Macbeth é um homem que não consegue dormir, assim como não consegue desistir do projeto de assassinar e tomar o lugar de Duncan desde que a ideia despontou em sua mente. Ele não consegue dormir depois de assassinar Duncan nem abrir mão do desejo de se tornar rei. Obviamente, as duas coisas caminham de mãos dadas.

Macbeth chega muito rapidamente ao "certo ponto" de Kafka, a partir do qual não é mais possível desistir, ou voltar atrás. Um dos fatos chocantes a seu respeito é a tremenda velocidade de sua ambiciosa determinação. Para o crítico Michael Long, "faz parte da natureza de Macbeth ser ligeiro e absolutamente tenaz". Como se não houvesse tempo para a hesitação, a revisão ou a dúvida. Como se houvesse o perigo de que o ímpeto fosse perdido. Mudar de rumo – ou mesmo a possibilidade de desistir de destronar Duncan – é algo que não se deve, não se pode contemplar. Apenas no início da peça Macbeth cogita por um momento voltar atrás. "Não vamos prosseguir com este plano", diz a Lady Macbeth, ao que ela responde: "Estava bêbada, aquela esperança de que te revestias? Caiu ela no sono, desde então? [...] Tens medo de ser em tua própria ação e coragem o mesmo que és em desejo?". Não há reconhecimento dos receios de Macbeth, apenas acusações de covardia e inconsistência. Ela o humilha por duvidar de si, como se hesitações fossem sinais de fraqueza. É notável que o sono seja invocado (a palavra "sono" é mais utilizada em Macbeth do que em qualquer outra peça de Shakespeare), porém, como uma espécie de abandono do dever: a esperança de Macbeth, sua ambição, parece ter dormido ou, como um bêbado, ele mudou de ideia depois de uma noite de sono. Nem se considera a possibilidade de que, ao dormir antes de tomar a decisão de matar Duncan, ele teria caído em si. O ato de duvidar de si, ou de simplesmente duvidar, deve ser atacado – atacado por meio do escárnio – para criar as condições que tornariam impossível, inconcebível uma mudança de planos ou uma desistência ("Não vamos prosseguir com este plano"). O crítico Wilbur Sanders se refere a isso como a "energia irresistível da provocação" na peça.

Eles planejam assassinar Duncan, é claro, enquanto ele dorme: "Quando Duncan estiver dormindo – e sem dúvida a dura jornada do dia o terá convidado sadiamente para a cama". Em uma peça repleta de fronteiras e transições, como muitos críticos indicaram, a fronteira do sono e do adormecimento é abolida. No segundo ato, Macbeth diz, assustado:

> Pensei ter ouvido uma voz gritar, "Dormir, nunca mais! Macbeth é o assassino do sono", do sono inocente, sono que desenreda o emaranhado novelo das preocupações, a morte da vida de cada dia, o banho para a dolorida labuta, o bálsamo das mentes feridas,

o prato principal da mãe natureza, o mais importante nutriente no banquete da vida.

Para argumentar contra o assassinato de Duncan – e a transferência de poder antinatural e ilegítima que ele representa –, Macbeth precisa fazer essa defesa maravilhosamente eloquente do sono e de seus poderes restauradores. Se você mata o sono – neste caso, ao assassinar o próprio rei –, você destrói a própria fonte de vida. Macbeth não consegue mais ceder ao sono e Lady Macbeth é sonâmbula – outra fronteira entre sono e vigília. É, como o médico diz, "uma grande perturbação na natureza da pessoa, receber simultaneamente o benefício do sono e cometer atos de quem está em vigília"; ela é "perturbada por fantasias [...] que a impedem de repousar". A escalada sabota e protege contra a possibilidade de revisão, como se a necessidade mais urgente fosse alcançar aquele certo ponto a partir do qual não é mais possível voltar atrás. Para o herói e a heroína trágicos, a escolha deve dar lugar a uma inevitabilidade aparente ou suposta.

Em *Macbeth* o sono é celebrado e lamentado como aquela desistência restauradora por meio da qual a consciência, o propósito e a ambição são suspensos, ou abandonados. O sono é apresentado como o paralelo natural e o antídoto à determinação implacável de Macbeth: ele não pode e não logra dormir "apesar dos trovões". Macbeth deixa perfeitamente claro que heróis e heroínas trágicos são como pessoas que tentam nunca dormir. São pessoas que não podem interromper a si mesmas nem ser interrompidas. São pessoas que renegaram os benefícios da desistência, ou mesmo da hesitação, pessoas para as quais desistir é o mesmo que abrir mão de tudo. Não conseguir desistir é ser incapaz de aceitar a perda, a vulnerabilidade; ser incapaz de aceitar a passagem do tempo e as revisões que ele traz.

Desistir requer um senso de encerramento: é saber, na medida do possível, quando chegou a hora de parar. Naturalmente, um senso de encerramento pode não envolver um senso de conclusão. Muitas coisas podem ser encerradas antes de estarem concluídas: há rupturas, abandonos e falta de audácia, pontas soltas que continuam a nos perturbar. Plenty Coups, chefe do povo Crow, disse ao caçador local Frank B. Linderman que, depois que os Crow foram confinados a uma reserva e que os búfalos dos quais dependiam foram destruídos, a vida da tribo chegou ao fim, para todos os efeitos. A vida deles foi interrompida. "Quando os búfalos foram embora, os corações do meu povo caíram no chão e eles não conseguiram mais levantá-los. Depois disso, nada mais aconteceu."

Depois disso, nada mais aconteceu. Na verdade, é extremamente difícil imaginar essa experiência. Os Crow viviam em uma terra que acreditavam que tivesse sido dada por Deus; quando isso foi tirado deles, não havia nada a fazer além de desistir da própria vida. Assim como as pessoas em geral não são loucas, mas levadas à loucura, elas não costumam desistir por conta própria, mas são forçadas a desistir. É a isso que o herói trágico resiste e é por isso que ele paga um preço tão alto. Os Crow, dominados e em menor número que os colonizadores brancos, não conseguiram nem resistir nem requalificar sua difícil situação. Em seu livro sobre os Crow, *Radical Hope* [Esperança radical], Jonathan Lear explica que lutar era uma maneira de proteger seu modo de vida contra outras tribos e contra os brancos. Antes da batalha, os Crow faziam o que chamavam de Dança do Sol: "A Dança do Sol, uma oração por vingança, era naturalmente repleta de episódios militares". Lear questiona: "O que se pode fazer com a Dança do Sol, quando não é mais possível lutar?". Ele sugere que existem três opções para uma cultura confrontada com esse tipo de devastação:

1. Continuar dançando, mesmo que o motivo para dançar tenha se perdido. O ritual continua, embora ninguém mais seja capaz de dizer para que serve a dança.

2. Inventar um novo objetivo para a dança. A dança continua, mas agora seu objetivo é, por exemplo, facilitar as negociações com os brancos, atrair um bom clima para a agricultura ou trazer de volta a saúde de um parente doente.
3. Abandonar a dança. Esse é um reconhecimento implícito de que não há mais sentido em fazer a Dança do Sol.

De fato, os Crow abandonaram a Dança do Sol em 1875, cerca de uma década antes de serem transferidos para a reserva. "É preciso reconhecer a destruição, se quisermos ir além dela. Em tese, não há resposta para a pergunta: a Dança do Sol representa a continuidade de uma tradição sagrada ou uma forma nostálgica de escapismo?", escreve Lear. Deveríamos refletir, como Lear começa a fazer, sobre quais seriam as consequências de não desistir. As opções parecem drásticas: fazer o luto pela Dança do Sol (o que Lear, como psicanalista, descreve como uma forma de reconhecer a destruição para ir além dela); ou simplesmente manter uma tradição sagrada mesmo que a dança tenha perdido por completo sua função prática e sagrada, e, portanto, correr o risco de degenerá-la, transformando-a em uma autoparódia da nostalgia. Por que não desistir dela? Se essa fosse uma questão quantitativa, embora não seja, poderíamos nos perguntar quanto suportamos perder, ou quanto toleramos desistir. Ou, em termos mais simples: como podemos requalificar a desistência e com que objetivo? Por um lado, há o pragmatismo – requalificar em favor de um futuro atraente ou pelo menos viável –, por outro, há o luto, a sentida renúncia do passado, na esperança de que mais vida possa emergir. Pragmatismo ou luto?

Morto ou vivo

Toda sublimidade se baseia em minuciosa particularização.
WILLIAM BLAKE

Generalizar é ser um idiota.
WILLIAM BLAKE

I

De que você precisa abrir mão para se sentir vivo? Para responder a essa pergunta, precisamos ter alguma ideia do que a vitalidade significa para nós, do que precisamos fazer para nos sentirmos vivos, e de como sabemos que estamos sentindo essa coisa aparentemente bastante óbvia e comum (em termos mais abstratos, poderíamos nos perguntar, como uma espécie de diretriz, quais são nossos critérios para nos sentirmos vivos). Parece curioso que sentir-se vivo seja não apenas uma questão – algo que precisa ser avaliado – mas também algo que requer uma espécie de sacrifício, ou que sentir-se vivo seja, por si só, um ato de sacrifício; que para nos sentirmos vivos, nos envolvemos em algum tipo de renúncia.

Obviamente, é uma verdade simplista, mas não tão simplista assim, que para alguém se sentir vivo talvez seja preciso abrir mão das habituais táticas e técnicas de amortecimento pessoais, das anestesias que parecem tornar o cotidiano mais suportável. Afinal, no clima de terrores e delícias em que vivemos, não surpreende que as pessoas sintam uma ambivalência profunda quanto a estarem plenamente vivas. É claro que para responder a essa pergunta você precisaria ter alguma ideia do significado de vitalidade, se é que isso significa alguma coisa. Como você se sente vivo e como sabe que está se sentindo assim?

Viktor Chklóvski, o crítico literário formalista russo, escreveu em seu famoso ensaio "Arte como procedimento", de 1917:

> A automatização engole os trabalhos, as roupas, os móveis, as esposas e o medo da guerra. [...] [Por meio de suas práticas de desfamiliarização, ela existe] para devolver a sensação de vida [...]; o procedimento da arte é desfamiliarizar os objetos, complicar as formas, aumentar a dificuldade e a extensão da percepção porque o processo de percepção é um fim estético em si mesmo e deve ser prolongado.

Talvez seja uma parte ironicamente inevitável da proposta de Chklóvski que a arte como procedimento e prática de desfamiliarização tenha se tornado hoje tão familiar para nós. Concordemos ou não com a observação de Walter Pater, para quem o "hábito é uma forma de fracasso", quando Chklóvski invoca a ideia de recuperar a sensação de vida, ele nos recorda – e claramente precisamos ser lembrados disso – de que a sensação de vida pode ser perdida. Ele dá a entender, sem explicitar tanto quanto poderia, que nós também queremos abandonar e às vezes até mesmo atacar a sensação de vida; como se, em linguagem psicanalítica, fôssemos ambivalentes em relação à sensação de vida e pudéssemos, por assim dizer, dispensá-la alegremente.

Portanto, a razão para que a arte seja, por assim dizer, "difícil" é sua resistência à apropriação simplista que fazemos dela. Não podemos usar a arte para consolidar nossos preconceitos nem para reforçar nossos pressupostos e suposições. Qualquer obra de arte que se preze exige o tipo de atenção que não dedicamos àquilo que tomamos como dado, que não dedicamos a tudo aquilo que acreditamos conhecer. Nesse sentido, a arte perturba e abala preconceitos, atrapalha nossa capacidade de antecipar e faz isso enquanto aumenta a dificuldade e a extensão da percepção; a arte resiste e sabota nossos hábitos de percepção familiares. Chklóvski sugere que o desejo, o impulso de familiarizar, é insistente, como se fizesse parte de nossa natureza. E isso implica que esse impulso de familiarização seja como um impulso em direção à morte, em direção à morte-em-vida que a realidade contemporânea representava para algumas pessoas (não podemos deixar de destacar que o ensaio do crítico russo foi escrito em 1917).

Quando Freud propôs em 1920, em *Além do princípio de prazer*, que existe uma pulsão de morte, um "impulso destrutivo" em constante guerra dentro de nós contra uma pulsão de vida, é perfeitamente compreensível que essa ideia tenha sido – e continue sendo – encarada com considerável ceticismo. (A ideia de uma pulsão ou "instinto" de morte pode parecer uma contradição de termos.) No entanto – como é evidente na obra de Chklóvski, Freud e muitos outros –, havia naquela época e naqueles lugares na Europa um senso de mortalidade da vida moderna. Não é à toa que a estética da desfamiliarização e da angústia quanto à destrutividade tenha permanecido conosco; de fato, ela é parte de nossa sensação de vida. Se familiarização e destrutividade são análogas à morte, se é contra essas inclinações que lutamos, qualquer que seja o motivo, o que é então a vida, o que é a sensação de vida ou a pulsão de vida? Afinal de contas, essas são questões de vida e morte.

II

A ciência, é claro, nos ajuda com nossa familiarização. Ao fornecer descrições das chamadas leis da natureza; por meio da promoção da causalidade enquanto um princípio permanente; no desenvolvimento da lógica dedutiva e indutiva; em seus já familiares métodos de verificação e falsificação, ela fez nosso universo de familiaridade – daquilo que afirmamos saber e que tomamos como certo – crescer exponencialmente nos últimos quatro séculos. De fato, uma das definições de progresso seria a da extensão do império do familiar. E uma das formas mais familiares de familiaridade – ou melhor, um dos meios mais corriqueiros de familiarização – é a arte e a ciência da generalização, da abstração conhecida como categorização. Embora tenha sido alvo de paródia, de ridículo e de crítica – por Borges e Foucault, para citar alguns –, nossa capacidade de generalizar, de estabelecer conexões, de encontrar pontos comuns entre fenômenos desconexos tornou-se nosso hábito e talento supremos; por preferir a mesmice à diferença, a abstração ao que Blake chamou de uma "minuciosa particularização". Aquilo que, como veremos, o psicanalista Christopher Bollas chama de "estado de espírito fascista" é a imposição paranoica e militante da mesmice (para si e para os outros), o terror da diferença que requer sua abolição. De fato, creio que a psicanálise seja útil como sintoma e como cura de nosso desejo de generalização.

Realmente, um dos paradoxos já familiares da psicanálise é o de que a teoria e a prática clínica mais comprometidas com a singularidade e o histórico individual se expressam apenas em termos gerais. Não importa se a psicanálise esteja tratando do inconsciente, do desenvolvimento, do ser como centrado ou descentrado, de sintomas e categorias diagnósticas, ou mesmo da técnica psicanalítica, o sempre excêntrico, idiossincrático – e, de fato, geneticamente único – indivíduo é inevitavelmente descrito como um exemplo de algo aparentemente mais ou menos conhecido; ou seja, o indivíduo é descrito em relação a um conjunto de normas putativas, de padrões normativos que, inevitavelmente, devem organizar qualquer cultura e que operam tanto em nível consciente como inconsciente em nome das pessoas que perfazem essa cultura.

Para a literatura psicanalítica, o indivíduo faz parte de uma categoria; a teoria psicanalítica não tenta nem logra se desfazer das categorias, mas busca simplesmente torná-las mais inclusivas. Pessoas que aparecem nos relatos de casos psicanalíticos ou nas vinhetas clínicas talvez se pareçam mais com personagens de romances e contos do que com personagens simplesmente alegóricos, porém, elas estão lá como pessoas representativas; mesmo que aquilo que elas representam não seja tão claro quanto possa parecer. Se o indivíduo na psicanálise não pode ser enquadrado em uma descrição preexistente, ele simplesmente se torna o pretexto para a criação de uma nova categoria a ser acrescentada ao estoque da realidade psicanalítica disponível (em geral, não é possível ter uma categoria diagnóstica com apenas uma pessoa). A medida para isso é a tal natureza humana, como supostamente é ou deveria ser. E o que faz de um indivíduo um indivíduo são os modos pelos quais ele se desvia, improvisa ou modifica as normas disponíveis da chamada natureza humana, conforme chegamos a descrevê-la; são os modos pelos quais esse indivíduo se torna a exceção que confirma a regra, e também, é claro, pelos modos como ele obedece às regras a seu modo particular. Para simplificar, são sempre o self obediente e o não obediente que estão sendo avaliados. Como aquilo que Barthes chamou de "uma ciência do singular", a psicanálise está inevitavelmente alerta ao que cria a distinção em ambos os sentidos – o que torna algo ou alguém distinto, de algum modo separado, diferenciado do lugar-comum; e o que nos chama atenção por ser incomum ou extraordinário, como costumamos dizer. É notável como a psicanálise, talvez inevitavelmente, chama a atenção para as maneiras peculiares como a linguagem da mesmice e a linguagem da diferença se mostram sedutoras, cada qual com a própria forma de tranquilizar, inspirar e dividir.

Portanto, para simplificar ao máximo, poderíamos dizer que, quando buscamos um personagem, recorremos a obras de ficção, poesia e peças de teatro; quando buscamos explicações ou generalizações a respeito de um personagem, recorremos à psicanálise. E, nesse sentido – em seu comprometimento basal com a generalização e na previsibilidade que ela supostamente ofereceria –, a psicanálise não é diferente da medicina ou mesmo de muitas ciências contemporâneas. São necessárias descrições que, por definição, não se adequem apenas ao caso individual. O indivíduo que, em termos gerais, é o mesmo que outras pessoas é o indivíduo que interessa à psicanálise. Os psicanalistas escrevem sobre pessoas que parecem falar a mesma língua; o que Freud chamaria de linguagem dos sintomas; o que Lacan chamaria de inconsciente estruturado como linguagem.[1] E, nesse sentido, a psicanálise reflete em suas teorizações, ainda que nem sempre na prática clínica, uma experiência cotidiana familiar; notamos o tempo todo com que facilidade e frequência estamos cientes do que Lacan chama de a "alteridade absoluta" das outras pessoas, e com que frequência outras pessoas também são consideradas de alguma forma mais ou menos semelhantes a nós.

Afinal de contas, compartilhamos uma língua, por meio de nossa criação e nossa educação como membros de determinada cultura; e, ainda assim, como Lacan sugere em seu texto sobre James Joyce, nós também somos capazes de, até certo ponto, inventar a língua que usamos, emprestando-lhe nossos próprios maneirismos, com prosódia e vocabulário particulares. Todos usam a mesma língua,

---

1 No inglês, uma única palavra, "*language*", designa tanto a noção de língua como a de linguagem. Assim, a discussão de Phillips torna mais ambígua a distinção original que se faz em francês entre "*langue*" (língua) e "*langage*" (linguagem). [N. E.]

mas com ligeiras diferenças; podemos improvisar a partir do sistema linguístico específico que herdamos. Com frequência, a língua é um regime surpreendentemente flexível. Joyce, é claro, é ao mesmo tempo exemplar e representativo de Lacan ao demonstrar nossa capacidade de fazer coisas novas com as palavras; e, por vezes, isso se relaciona com a vitalidade. "Escolhemos falar a língua que efetivamente falamos. [...] Criamos uma língua quando, a cada momento, lhe imbuímos de sentido, dando nela um empurrãozinho, sem o qual ela não estaria viva", escreve Lacan. Um empurrãozinho parece ser uma coisa insignificante; escolher e criar uma língua parece ser uma coisa grandiosa em suas ambições. E, notavelmente, é à ideia de vitalidade que Lacan recorre.

Nem todos somos – como o bom senso nos fará questão de dizer – James Joyce. Mas, na mesma medida, o bom senso nos lembra de que a língua que está ou parece estar viva pode ser, ou às vezes parecer, relativamente rara; a vitalidade em uma língua pode ser escassa e, portanto, podemos nos perguntar o que há em nós que pode querer amortecer a língua; ou, pelo contrário, o medo da vitalidade na língua é o medo de quê? No entanto, o empurrão em si não é um gesto grandioso ou dramático; podemos pensar que um empurrão é algo que está ao alcance da maioria das pessoas. Assim sendo, do ponto de vista psicanalítico, poderíamos supor que existe uma defesa contra esse empurrão, contra dar à língua mesmo o menor dos empurrões. Existe uma defesa contra a vitalidade da língua. E é possível dizer que o estudo da literatura sempre toca no conflito entre a vitalidade e a mortalidade, ou amortecimento, da língua.

Porém, do ponto de vista de Lacan, a língua não estaria viva sem esses empurrõezinhos – sem as reviravoltas idiossincráticas que cada um de nós consegue fazer, até certo ponto. E devemos destacar aqui que ele escreve sobre a vitalidade da língua, não de seus usuários, e isso é mais estranho do que pode inicialmente parecer; afinal de contas, a língua não está morta nem viva; sua vitalidade parte de nós, é nossa vitalidade. E essa vitalidade é associada, para Lacan, até certo ponto e de maneira limitada e circunscrita, à escolha da língua que falamos, criando a língua ao dar-lhe um empurrãozinho. De acordo com essa descrição, nossa vitalidade – e, presumivelmente, nossa mortalidade – reside em nossa língua. Esse é um lugar em que podemos encontrar, pensar e conversar sobre isso.

Vale a pena questionar, por exemplo, que tipo de vitalidade e que tipo de amortecimento apreciamos na língua. Podemos encontrar isso ali, na língua, entre outros lugares. E essa vitalidade é, de algum modo, precária; sem falar que Lacan está usando aqui uma linguagem à qual ele, enquanto psicanalista, sempre foi avesso – a linguagem do existencialismo, a ideia de escolher uma língua. Como se falar sobre a vitalidade na língua – e poderíamos crer que é exatamente disso que ele trata ao promover o que chama de "fala plena" – desfizesse um pouco o Lacan que conhecemos. Há também a língua pela qual somos possuídos e que nos possui – para Lacan, o homem, com sua conhecida petulância melodramática, é o animal capturado e torturado pela língua; e agora, na obra tardia de Lacan, existe a língua que podemos criar e escolher. Nesse momento, Lacan deveria ter dito – se não estivesse tão determinado a ser fascinante – que podemos ter as duas coisas: podemos usar a língua e ela pode nos usar, e que o ponto, e não o problema, é justamente a contradição. Mas, como disse, quando Lacan começa a falar sobre a vitalidade na língua, as coisas começam a se abrir e a vitalidade se torna um jargão para ele.

Para Lacan, é por meio do talento único e excepcional de Joyce que podemos perceber isso. Assim, pretendo sugerir neste ensaio que pode ser especialmente difícil nos sentirmos plenamente vivos quanto a nossa vitalidade – ligada para Lacan, neste caso, a algo de individualidade, ou de singularidade, e também a algo de linguagem. Se a vitalidade é um problema para nós, então o amortecimento e todas as alternativas menos binárias à vitalidade também devem estar agindo sobre nós. O que a vitalidade e as alternativas a ela representam talvez esteja entre nossas preocupações mais constantes, entre o que Borges chama de nossas "perplexidades essenciais".

III

Ao descrever a ideia "reduzida à essência" por trás do romance *As asas da pomba*, Henry James escreveu no prefácio da edição publicada em Nova York que a ideia era a de

> uma pessoa jovem, consciente de sua grande capacidade para a vida, mas cedo atingida e malfadada, condenada a morrer em pouco tempo, mas, ainda assim, enamorada do mundo; ciente, além disso, da condenação e desejando ardentemente "legar", antes da extinção, o maior número possível de belas vibrações, e com isso obter, mesmo que de modo breve e fragmentário, a sensação de ter vivido.

James escreve sobre o malfadado desejo de sua heroína, que busca "arrancar, no decantar das últimas horas, o máximo possível do fruto da vida"; de sua "ardente ânsia de viver como pudesse". Se o projeto for alcançar, "mesmo que de modo breve e fragmentário", a sensação de ter vivido, essa sensação pode ser uma conquista penosa e talvez até efêmera (e se você tem a sensação efêmera ou fugidia de ter vivido, até que ponto pode confiar nela?). A heroína do romance de James, Milly Theale, é confrontada – assim como nós leitores – com a incontornável questão do que é, ou poderia ser, alcançar a sensação de ter vivido. O que seria viver plenamente e, no caso de Milly Theale, mas não apenas no dela, o que seria viver plenamente no lusco-fusco da morte iminente. A questão de como saber se vivemos; de quais seriam, afinal, nossos critérios para isso. O que precisamos fazer e o que precisamos já ter feito, o que precisa ter acontecido conosco para atingirmos essa sensação enigmática de ter vivido, ou de ter vivido uma vida tão plena quanto possível?

O que consideramos ser o fruto da vida quando desejamos o máximo possível dele – pois, assim como James, sabemos que devemos ser feitos do mesmo fruto que Adão e Eva comeram no Éden (e que, naturalmente, lhes deu menos vida, não mais)?

Existe aqui a sugestão de que a sensação de ter vivido, ou mesmo a própria vida, pode ser uma coisa estranhamente fugidia. De fato, em outro ponto do romance, o herói, Morton Densher, reflete sobre essa estranha fugacidade da vida, que parece assombrar e impulsionar a narrativa: "A vida, opinou logicamente, era aquilo que ele deveria de alguma forma encontrar um meio de anexar e possuir". A implicação, aqui, é que a vida pode nos escapar; que, embora estejamos, para todos os efeitos, vivos, precisamos de alguma forma encontrar um meio de anexar e possuir a vida, como se fosse algo que precisamos colonizar, reivindicar ou nos apropriar. Que a vida deve ser invadida e subjugada, como se fosse um país estrangeiro, não um lugar onde já estamos vivendo. A vida como outro lugar, como algo que precisamos alcançar, ou encontrar, ou buscar. Porém a vida é apresentada em *As asas da pomba* – um romance cujos termos-chave "tudo" e "nada" são emaranhados ao longo do livro – como um obscuro objeto de desejo. A sensação de ter vivido e a sensação de viver – que podem parecer igualmente óbvias – são alvo do ceticismo de James no romance. Se não sabemos o que é ter vivido, o que saberemos afinal?

Seria estranho dizer – embora Freud tenha dito, como veremos – que nós também queremos menos vida, que também desejamos nosso amortecimento. Que também não queremos viver ou ter vivido. Claramente, tanto Lacan em sua celebração de Joyce (e da língua) como James em sua apresentação de Milly Theale promovem a vitalidade e o sentimento de ter vivido ao mesmo tempo como questões e, de forma mais otimista, como objetos de desejo, se não o único objeto de desejo. Porém é obviamente como questão que essa proposição nos deixa perplexos: o que nos impede de dar um empurrãozinho na língua? A mera falta de talento não é uma explicação satisfatória. E o que nos impediria de sentir que vivemos, ou que estamos de fato vivendo? E como sabemos o que isso poderia ser? De onde tiramos nossas ideias sobre isso?

De fato, o que o empurrão da língua – a escolha e criação de nossa língua – e a sensação de ter vivido têm em comum é a sensação de ter de satisfazer aquilo que acreditamos ser uma necessidade individual essencial, o que implica em parte tomar posse da própria língua e da própria vida, seja qual for o significado disso. Mas também envolve algo que pode ser descrito como atender a uma demanda, como se uma figura de autoridade – o que Lacan chamaria de o Grande Outro – tivesse dito, "Você precisa criar sua própria língua, até onde for capaz, e precisa ter a sensação de ter vivido, até onde puder". E uma rápida reflexão nos mostrará que, quando não são inspiradoras, essas demandas particulares, feitas para nós e sobre nós, podem ser muitas outras coisas; por exemplo, elas podem ser enigmáticas, tirânicas ou absurdas. E a psicanálise pode ser particularmente útil no sentido de fornecer uma linguagem para nossos ideais pessoais e culturais, ou uma maneira de falar a respeito deles; tanto sobre sua origem e história quanto sobre como e por que viemos a valorizá-los dessa maneira.

A maioria de nós provavelmente deseja conseguir usar a língua à sua maneira, em vez de apenas se conformar com ela, como se fosse um mero conjunto de regras; e, com frequência, a maioria de nós deseja viver e ter vivido. Ainda assim, naturalmente, esses ideais, essas ambições e aspirações pertencem a seu tempo e espaço; e são coisas que preocupam apenas a um animal capaz de usar a língua. Presumimos que animais e plantas não se questionam sobre o que estão fazendo. Podemos nos perguntar sobre quando a questão de ter ou não vivido se tornou uma preocupação, e para quem isso teria surgido pela primeira vez dessa forma; e, de fato, quando e como começamos a nos interessar pela língua como algo que usamos e que nos usa (e, como mencionei, é interessante perceber que Lacan, defensor de longa data da ideia de que somos vítimas e vitimizados pela linguagem, passou a defender um ponto de vista alternativo em sua obra tardia; como se quisesse se libertar disso). Historicamente, não é acidental que tanto Lacan como James, à sua maneira tão distinta e partindo de culturas e histórias pessoais tão diferentes, estejam defendendo o que aprendemos a chamar de individualidade (ou, em termos mais benignos, de idiossincrasia, ou excentricidade).

O termo "individualidade" foi obviamente cunhado como reação a uma noção anterior de que era possível ser membro de uma sociedade sem ser considerado, ou precisar ser considerado, um indivíduo. A psicanálise como invenção moderna não pode evitar certo embasamento nas ideias sobre a individualidade; sobre como é possível começar a descrever o que é o indivíduo, e sobre qual pode ser o fascínio da individualidade, ou sobre a liberdade do indivíduo de encontrar brechas nas demandas normativas de sua cultura (uma das demandas normativas é a de que o indivíduo seja suficientemente normal: portanto reconhecível, identificável e descritível). A psicanálise trata claramente de como o indivíduo moderno se ajusta ou não se ajusta e se desajusta em sua cultura (pode-se dizer que o novo paciente psicanalítico é uma vítima de sua cultura, por muitas razões). Na psicanálise, a originalidade do indivíduo, sua individualidade, é dada como certa – a aparência, a personalidade e a história de cada pessoa são, para nós, significativamente diferentes e distintivas –, mas não há nada de original, em termos psicanalíticos, naquilo que constitui essa originalidade; as condições prévias para a originalidade de cada pessoa são genéricas – a originalidade é uma função da uniformidade e da conformidade. O que distingue as pessoas umas das outras advém de uma condição comum aparentemente reconhecida, e de uma constituição comum reconhecida (às vezes chamada de natureza humana, embora a natureza humana costume assumir uma variedade estonteante de formas). Em outras palavras, pressupomos que existem outras regras e critérios que definem o que uma pessoa é e pode ser dentro de determinada cultura (os parâmetros que indicam o que uma pessoa pode ser são, em sua maior parte, predefinidos).

Podemos ter um forte senso de diferenciação entre cada pessoa, mas é muito fácil os indivíduos desaparecerem na teoria. Este ensaio trata de como alguns psicanalistas tentaram se apegar a algo não prescrito e imprescritível a respeito das pessoas, na linguagem inevitavelmente abstrata e generalizante da psicanálise. E como as noções de sentir-se vivo ou morto tendem a aparecer em alguns desses relatos. Como se descrever o que a vitalidade pode ser – de que modo podemos realmente reconhecê-la e entender o que a constitui – tivesse se tornado uma preocupação peculiarmente moderna. Quando Freud escreveu a célebre frase sobre o indivíduo querer morrer à sua maneira, ele estava se referindo, talvez ironicamente, à individualidade possessiva.

IV

Em um comentário sobre seu artigo "O uso de um objeto", Donald Winnicott escreve que "nesse estágio inicial de importância vital, a 'vitalidade destrutiva' do indivíduo é simplesmente um sintoma de estar vivo e não tem relação nenhuma com uma raiva sentida pelo indivíduo diante das frustrações resultantes da colisão com o princípio de realidade". Naturalmente, a teoria comentada por Winnicott nesse artigo nos interessa. Porém, para os propósitos deste ensaio, quero destacar seu objetivo com expressões como "importância vital", "vitalidade destrutiva" e "um sintoma de estar vivo". Winnicott sugere que talvez seja sinal de vitalidade tentar destruir as coisas e as pessoas, e essa vitalidade destrutiva é um sintoma de estar vivo, pois estar vivo apresenta os próprios sintomas. Como sabemos se a criança – e mais tarde o adulto – está vivo? Eles têm uma vitalidade destrutiva, no ponto de vista winnicottiano. No entanto, mais uma vez, a vitalidade aqui não é óbvia; continuamos descrevendo o que Winnicott chama de sintomas de estar vivo, os sinais inteligíveis. Ele acredita que está fazendo ciência empírica aqui, simplesmente descrevendo de uma nova maneira algo que já existe. Ele não diz, nem diria, "É isso que eu quero que a vitalidade seja, isso são sinais de vida para mim, porque esse é o tipo de vitalidade que quero, esse é o tipo de mundo em que quero estar vivo". Ele não presume com tanto rigor quanto Freud que a percepção é distorcida pelo desejo.

De que maneira o sujeito psicanalítico como cientista faz ciência? Preferencialmente, ele o faz apesar, mas também em razão, da influência psicanalítica exercida sobre sua sensibilidade. Porém a pergunta que faço, baseando-me em Winnicott e outros, é: por que alguém se interessa pela vitalidade; ou melhor, por que alguém se interessa por ter ou não vivido? O interesse na vitalidade é um interesse em quê? O que faz essa palavra entrar em jogo? De onde veio a necessidade de sabermos se estamos vivos ou não? E quais podem ser as consequências desse conhecimento, se chegarmos a possuí-lo? Pragmaticamente, em que sentido a vitalidade e o conhecimento de estar vivo e ter vivido nos leva a ter a vida que queremos? Obviamente, a implicação disso tudo é a de que podemos não estar cientes, podemos estar radicalmente inconscientes de quão mortos estamos e queremos estar. Quando Freud escreve que a proteção contra os estímulos é mais importante para o indivíduo do que a receptividade aos estímulos, ele nos leva a refletir justamente sobre isso.

Quando aprendi na escola que D. H. Lawrence estava do lado da vida, conforme insistia o crítico F. R. Leavis, eu sabia, enquanto adolescente, o que aquilo significava. Agora, creio que a formulação de Leavis seja inspirada por todas as questões que suscita. Exceto, é claro, pela mais óbvia e premente: se você não está do lado da vida, você está do lado de quê? Toda a obra de Winnicott é organizada em torno da ideia de vitalidade – daquilo que supostamente está do lado da vida – e precisamos ver, ao mesmo tempo, para que ele está usando a palavra e por que ele precisou importar esse termo em particular para a psicanálise, a qual até então tinha sido perfeitamente capaz de prescindir dele. É claro que "vitalidade" – em oposição a "vida", pura e simplesmente – não aparece nos dicionários de psicanálise hoje disponíveis; e que, em sua banalidade, jamais se tornou um termo técnico na psicanálise nem parte do jargão profissional. Sendo assim, o que a ideia de vitalidade acrescenta à psicanálise – e assim às nossas vidas, se tivermos interesse na psicanálise?

Quando Winnicott, por exemplo, escreve em *Processos de amadurecimento e ambiente facilitador* que "há pouco sentido em formular uma ideia de self verdadeiro, exceto com o objetivo de tentar compreender o falso self, pois ele se limita a coletar os detalhes da experiência de estar vivo", ele nos diz que sua definição do que chama de self verdadeiro, o self insubmisso da espontaneidade, do desejo e da singularidade, o self comprometido com o brincar mais que com a adaptação, ou melhor, com a obediência, envolve nada mais nada menos que coletar os detalhes da experiência de estar vivo. E esses detalhes são tudo aquilo que o falso self não é. Para Winnicott, essa experiência de estar vivo – essencialmente, a experiência da insubmissão – é fundamental. Sem ela, restaria, para Winnicott, apenas uma sensação de futilidade, de que não vale a pena viver a própria vida.

Os detalhes da experiência de estar vivo são como um acúmulo constante de experiências espontâneas, que não foram calculadas nem ensaiadas e nutrem nosso sentimento de possibilidade e prazer. Para Winnicott, são coisas que claramente devemos coletar. Por isso, ele dedica boa parte de sua obra à compreensão e descrição das condições prévias para o isolamento, a superproteção e até mesmo a sabotagem do self verdadeiro. Nessa história, a vitalidade, o self mais plenamente vivo, é devidamente protegido por nós, sendo também algo que indevidamente talvez nos inspire medo – tanto dele como por ele. Presumimos que nossa vitalidade seja muito vulnerável e precária. E se nossa vitalidade não for robusta – se não pudermos realmente confiar em sua continuidade –, então ela é o quê; ou melhor, em que ela consiste? Se os detalhes de nossa experiência da vitalidade precisam ser coletados – com a implicação de que precisam ser recolhidos, armazenados e cuidados –, isso significa que eles são passíveis de serem esquecidos, descartados ou não levados a sério.

Parece estranho pensar que podemos nos esquecer de nossa vitalidade – do fato de estarmos vivos – e, ainda assim, é sobre isso que Winnicott nos convida a ponderar. Ainda não abordamos, absorvemos ou compreendemos o significado vital que as experiências de vitalidade têm para nossa vida corrente. E, na realidade, talvez haja uma motivação mais cotidiana para nos lembrarmos do que ou de quem nos faz sentir vivos, e de quão prontos estamos a não nos sentirmos vivos, de modo a esquecer tudo isso de vez. Não precisamos pressupor que a vitalidade seja a coisa mais importante do mundo – e que seja algum tipo de experiência máxima em nossas vidas –, mas podemos levá-la em consideração; e também podemos considerar aonde sua desconsideração nos levaria. A vitalidade pode se tornar um problema, cultural e historicamente, quando sentimos que há muita coisa em nossa vida privada e política que não podemos suportar vivenciar. Se nos tornamos – se fizemos de nós – grandes familiarizadores e generalizadores, isso significa que temos estreitado nossa mente, de forma ativa e resoluta.

V

Freud estava ciente dos paradoxos da certeza; dos modos como a certeza estreita a mente, muitas vezes em nome da verdade e da libertação. Do ponto de vista psicanalítico, os indivíduos estão sempre sofrendo, de uma maneira ou de outra, com a angústia ligada às trocas e à dependência que elas inevitavelmente acarretam.

O problema, como Winnicott disse certa vez, de como se isolar sem levantar muros. Quando se vê ameaçado, o self procura levantar muros para manter-se imune e puro. Segundo Freud em seu artigo de 1927 sobre religião, *O futuro de uma ilusão*,

> Um questionamento que ocorre como monólogo, sem interrupção, não está totalmente livre de riscos. É muito tentador afastar os pensamentos que ameaçam invadi-lo e, em troca, ficamos com uma sensação de incerteza que, por fim, buscamos apaziguar com uma dose exagerada de determinação.

A determinação exagerada aqui – um senso simulado de convicção – é uma versão da familiarização; quando estou exageradamente determinado, digo para mim e para os outros que "eu sei o que penso e sei o que estou fazendo"; o que o psicanalista requalifica como uma pessoa com estado de espírito onisciente pronta para negar o inconsciente. Um monólogo sem interrupção é um mundo sem outras pessoas; e a interrupção, nos termos de Chklóvski, é a única cura para a familiarização. O que Freud está descrevendo aqui como o monólogo ininterruptível é uma rejeição ansiosa e obstinada da complexidade da própria mente e das mentes alheias. Afinal, a questão óbvia aqui é: o monólogo ininterruptível está a serviço de quê? É uma autocura para quê? Nos termos deste ensaio, é uma autocura para a desfamiliarização, uma autocura para a vitalidade. Por meio das exclusões que efetua em nome da sobrevivência, ele essencialmente leva a pessoa à desnutrição.

Em um comentário sobre essa passagem de Freud no artigo "O estado de espírito fascista", Christopher Bollas escreve:

> Assim, apesar de ligar o self por meio da simplificação e do exílio de outras perspectivas, a certeza ideológica é ameaçada pela súbita emergência dos pensamentos postos de lado, que agora devem estar ordenados dinamicamente por uma determinação exagerada.

A pessoa é eternamente assombrada por aquilo que exclui. Porém essa imagem da impermeabilidade – de uma angústia com a violação – é o que Bollas chama de "uma violência simplificadora"; para ele, isso pode até mesmo ser uma tentativa de "se recuperar da própria destruição das partes humanas do self em nome da sobrevivência". A vitalidade, o fato de estarmos vivos, depende do efeito vitalizador do conflito; no desejo, no estado de espírito fascista, ao abolir o conflito o indivíduo mata a própria vitalidade. Segundo Bollas, é parte integral da dinâmica do estado de espírito fascista "retirar da mente toda oposição". Um dos traços daquilo que ele descreve como "genocídio intelectual" é a "categorização por agregação" – a que me refiro, de maneira mais simples, como generalização –, ou seja, "o momento em que o indivíduo é transferido para uma massa na qual perde sua identidade. Pode ser corriqueiro, 'Ah, mas é claro, ela é freudiana". Pode ser permissível, ainda que arriscado: 'Bom, é claro, ela é doente, ou 'Bom, ele é um psicopata'. Ou pode ser um ato extremo de agregação: 'Ele é judeu'".

O que vemos nesses exemplos é a diminuição da diferença, da singularidade; a desumanização de indivíduos – se, passado certo ponto, o que consideramos humano já não pode ser generalizado ou categorizado; o que Bollas chama de agregação ao mesmo tempo desvitaliza as pessoas e, aparentemente, as familiariza. O que perdemos com essa categorização é o indivíduo e os detalhes idiossincráticos da vitalidade; detalhes que, por definição, não podem ser generalizados nem categorizados. Como na ideia de Lacan sobre o empurrão dado à língua para torná-la distintamente viva, a vitalidade e a idiossincrasia andam de mãos dadas. Mais uma vez, voltamos à questão – embora sua qualidade binária deva levantar nossas suspeitas – de como podemos distinguir entre a qualidade de estar vivo e a de estar morto; como se considerássemos que esse é, fundamentalmente, nosso repertório.

No que Bollas chama de "partes funcionais normais da mente",

[...] há uma espécie de ordem parlamentar, com pulsões, memórias, necessidades, angústias e respostas de objeto que buscam na psique representantes para os processos mentais. Quando pressionado por um impulso (como a ganância), uma força (como a inveja), ou uma angústia (como o medo da mutilação) particularmente intensos, esse mundo interno pode realmente perder sua função parlamentar e evoluir para uma ordem interna menos representativa.

A imagem é que, em um estado de emergência – ganância, inveja, angústia e, é claro, desejo –, uma simplificação terrivelmente autocrática do self assume o controle; e o fato paradoxal é que, por essa razão, nos amortecemos para poder sobreviver; ou seja, a sobrevivência é preferível à vitalidade. Portanto, pode-se dizer que a vitalidade – para usar um vocabulário mais tradicional e menos darwinista – tem a ver com florescer, com viver ao máximo. Mas quando nosso projeto é sobreviver, o que garante que sigamos vivos é nosso próprio amortecimento; matar a vida um pouco a torna viável. Nos termos de Bollas, a democracia parlamentar do conflito, da negociação e da conciliação entre afirmações rivais é a própria imagem da vitalidade; o fascismo é um amortecimento desesperado e mortífero.

Quais seriam, portanto, as precondições para não amortecermos a nós mesmos, ou não precisarmos nos amortecer? Claramente, uma delas deve ser, por mais absurdo que pareça, conhecer a diferença entre o que há de vivo e de morto em nós; e ter boas razões para querer e desejar a vitalidade como valor, como um objeto de desejo.

Quando conversamos sobre a sensação de vida, ou sobre a sensação de ter vivido, ou quando coletamos os detalhes da experiência da vitalidade, estamos tentando relatar algo surpreendentemente fugaz; algo que, ao menos conscientemente, muitos de nós gostaríamos de celebrar e encorajar, apesar de todas as evidências contrárias. Existe, por um lado, a afirmação segura sobre onde a vida e a vitalidade estão – na desfamiliarização, na linguagem, no idioleto, na espontaneidade, na surpresa, nas pulsões de vida – e, em contraponto, a questão sobre por que isso acontece conosco, ou por que precisa se articular. Para os animais, a vida se resume a ser vivida; a ser sobrevivida pelo tempo necessário. Mas, para nós, a vida pode ou não ser sustentada por palavras a respeito da vida; a vida como algo que podemos viver ou algo que podemos descobrir que não estamos realmente vivendo, ou descobrir que simplesmente não vivemos. Como se o que tememos nem sempre fosse a morte em si, mas a morte em vida que podemos acabar vivendo ou tendo vivido. Como se alguém pudesse viver uma vida que, ao fim e ao cabo, não tivesse realmente sido vivida.

Quando você está morrendo, como Milly Theale no romance de James, você pode ter a sensação, em retrospectiva, de que não viveu; mas e se você é jovem e, ao que tudo indica, ainda não está morrendo, mas quer viver e ter vivido, o que pode fazer? E se ao menos fosse possível se assegurar de que você realmente está vivendo? Na ausência de informações e conselhos rápidos e seguros – e na ausência de qualquer tipo de consenso (ou de critérios compartilhados) sobre o que é viver e ter vivido –, tudo o que podemos fazer, se tivermos interesse, é lançar essas perguntas e, se nos ocorrer alguma coisa, ver o que queremos fazer.

Sobre não querer

Freud é uma pessoa que adora formulações absolutas e exclusivas; é uma necessidade psíquica que, em minha opinião, leva a uma generalização excessiva. Talvez exista, além disso, um desejo d'épater le bourgeois.
JOSEF BREUER, carta a
Auguste Forel, 1907

I

É comum as pessoas deixarem a desejar em algumas situações, o que é incomum é conhecer alguém que nunca deixa nada a desejar. Deixar a desejar é deixar ver a própria falta; e já é bem conhecida a ideia de que as pessoas querem justamente o que parece lhes faltar.[1]

---

[1] O termo *"wanting"*, quando usado como verbo, significa "querer"; quando usado como substantivo, em geral é traduzido como "carência". Neste capítulo, o autor destaca a afinidade entre as duas ideias. O título do capítulo, por exemplo – *"On not wanting"* –, significa tanto "Sobre não

Nossa frustração é a chave para nosso desejo; querer algo ou alguém é sentir sua falta; portanto, registrar ou reconhecer uma falta parece ser a condição para qualquer tipo de prazer ou satisfação. De fato, sob essa perspectiva, a frustração, uma sensação de falta, é condição necessária para qualquer tipo de satisfação.

"A falta sempre envolve a ausência de algo em seu lugar de costume", escreve Lacan. E se existe um lugar de costume, então aquilo que falta é, sob certo sentido, algo que assumimos que estaria sempre lá; algo que tem, ou deveria ter, um lugar usual, ou seja, familiar, confiável; como a mãe pode ter na vida da criança, como as refeições têm na vida cotidiana. Como se, de forma reativa, sentíssemos falta só daquilo a que sentimos ter direito; como se apenas nos fizessem falta as coisas que consideramos nossas posses legítimas; como se eu sempre já soubesse o que quero na realidade, mesmo que eu não consiga ou não esteja disposto a reconhecer. A conhecida ideia sobre falta e desejo descreveria, assim, um sistema fechado; nessa história, eu nunca posso ser surpreendido pelo que quero, porque em algum lugar de mim já sei o que falta; minha frustração é a forma tomada por meu reconhecimento, é uma forma de lembrança.

Querer é recuperar, não descobrir. Nas famosas palavras de Freud, toda descoberta de um objeto é a redescoberta de um objeto. Você só procura e encontra o que já teve. E se você nunca teve, a lógica nos obriga a perguntar: como você poderia reconhecer esse objeto quando ele reaparecesse? A repetição, e não a revisão, é o x da questão. Assim como nas chamadas perversões sexuais, eu conheço as condições prévias para minha excitação e satisfação, e elas não podem ser contornadas. Minha vontade e minha certeza

---

querer" ou "Sobre não ter vontade" como "Sobre não faltar" ou "Sobre não ter carências". Nesta edição, onde se lê "querer" e "vontade" – ambas usadas como tradução de *wanting* –, deve-se ter em conta o sentido latente de "falta" e "carência". [N. E.]

andam de mãos dadas. A vontade é inimiga do improviso. Meu ceticismo é quem sabota meu desejo, é minha defesa contra ele.

Pretendo sugerir neste ensaio que existe uma parte de nós que precisa saber o que está fazendo, e outra parte que precisa não saber. E, na mesma medida, existe uma parte de nós que precisa saber o que quer e outra que precisa não saber. Há liberdades conectadas a ambos os aspectos de nós, que animam um ao outro – nossa vontade depende de sabermos e de não sabermos o que queremos. Temos a sensação de que nosso querer e nosso não querer caminham lado a lado, mas como um paradoxo, em vez de uma contradição ou de um conflito. Nesse sentido, este ensaio simplesmente desenvolve ou responde a uma citação do grande ensaio de William James, "Vale a pena viver?": "Nenhuma vitória é conquistada, nenhum ato de lealdade e coragem é realizado sem envolver um 'talvez'; não existe um serviço, uma amostra de generosidade, uma exploração científica, experimento ou manual que não possa ser um erro". Querer algo e cometer erros são experiências inseparáveis; de fato, querer – além dos atos fundamentais de respirar, comer e dormir – é um experimento contínuo sobre estar errado, e sobre não estar errado (querer pode ser tanto uma arte da aproximação como da exatidão). Em certo sentido, querer é errar, é não saber ao certo. A necessidade de estar certo constitui uma tentativa sempre vã de abdicar da vontade.

Na linguagem comum do apetite, existe uma escala crescente de urgência, que vai da necessidade à vontade, passando pelo desejo; com frequência conseguimos suportar ficar sem o que queremos, mas não podemos ficar sem o que precisamos; e nunca temos muita certeza se é possível ficar sem o que desejamos. Pode-se dizer que o desejo é onde a fronteira entre querer e precisar se torna incerta. Se não podemos sobreviver sem o que precisamos, o que deixamos de fazer sem o que queremos? Talvez o mais notável sejam as distinções que precisamos fazer, como se o apetite – independentemente do modo como o conceituarmos – exigisse escrutínio, discriminação e regulação. E, em relação a isso, existe a tendência à necessidade de um consenso – coagido ou não –, pois o querer que chamamos de apetite parece ser ao mesmo tempo premente e essencial. Como a definição de Henry James sobre o real – "aquilo que é impossível não saber" –, é impossível não ter notícia de nossas vontades. E não se trata de algo que supostamente abriria margem para nossa incerteza. Se Deus um dia foi o grande especialista sobre o apetite – sobre o que é e deveria ser o apetite –, nas culturas seculares materialistas o apetite substituiu Deus e se tornou uma espécie de instância divina, uma vez que parece organizar e gerir as coisas. Quando Darwin falou que a sobrevivência e, então, que a reprodução (e a seleção natural) eram forças motrizes da evolução, ele trazia o apetite para o cerne da questão, como a verdadeira força motriz.

O que o poeta John Berryman chamou de "amontoado de necessidades", como descreveu Henry, o herói de *Dream Songs* [Canções oníricas], é, sem dúvida, uma descrição irônica de um bebê e, portanto, de todos nós. A vida viável é aquela que dá conta de todas as necessidades essenciais. Espera-se que os bebês não se envolvam em muitos debates sobre o apetite com suas mães, embora, à medida que crescem, logo passem a participar do antagonismo familiar em torno da alimentação e de outros apetites, como o sono e a agressividade, que conhecemos como vida em família. O que quer que sejam, ou queiram ser, os pais assumem a posição de especialistas e de gestores do apetite, aqueles que devem supostamente saber o que queremos e precisamos. Nenhum outro animal considera o apetite ou a alimentação um problema; ainda que, obviamente, todos os animais sejam testados pela escassez e pelas ameaças da competição. Pode-se dizer que a etologia, o estudo de outros animais, não nos transformou nem ajudou a transformar em desejadores mais felizes. Seria grosseiro, mas não demasiadamente impreciso, ver a história humana como a história de criaturas atormentadas por seus apetites, fundamentalmente desestabilizadas e perturbadas por seus apetites, a despeito e por causa do prazer que eles trazem; a despeito e em decorrência do fato de sua sobrevivência depender de seu apetite.

Uma das contribuições da psicanálise freudiana nos tempos modernos – que viria a incluir histórias sobre o desenvolvimento infantil e sobre o lugar e a função da linguagem no desenvolvimento – seria a busca pela natureza da vontade, a partir de um ponto de vista secular e materialista científico; o apetite radicalmente requalificado por Darwin e suas teorias da evolução; a vontade psicobiológica da fome e da sexualidade; e a vontade aculturada que, para nós, se tornou o capitalismo de consumo. De fato, podemos ver que a aculturação se tornou agora uma proliferação muito rápida de vontades; para nós, do seio ao supermercado, da mãe e do pai a uma série de objetos aparentemente satisfatórios (para o crítico Leo Bersani, é um momento crucial do desenvolvimento infantil quando a criança começa a perceber que existem prazeres fora da família); a aculturação como organizadora e transformadora do apetite. Os pais e a educação nos ensinando o que querer e o que não querer. Esse tem sido, é claro, o papel das supostas grandes religiões e ideologias políticas, que nos dizem o que devemos e o que não devemos querer e como devemos exercitar nossa vontade. Afinal, as teorias da natureza humana não passam de histórias sobre o que acreditamos que as pessoas precisam e querem. Os manuais de cuidados dos filhos, tão comuns na vida moderna, surgiram a partir disso.

Assim, a história psicanalítica é sobre como passamos de querer a querer ser bons, maus, gentis, cruéis, honestos ou ardilosos; sobre como a necessidade biológica (e seu engajamento emocional concomitante) se transforma em moralidade (e seu conflito emocional concomitante). Essa é a história de como o que chamamos de biologia compõe e se torna a sociabilidade viável; como o apetite se transforma e não consegue se transformar em solidariedade; como a necessidade pode nos tornar cruéis e gentis.

Ao que parece, as pessoas modernas – ao menos nas chamadas sociedades destradicionalizadas – saem de casa para encontrar e descobrir aquilo que seus pais não podem prover, que seus pais não podem dar; a família circunscreve, define e tenta moldar a vontade da criança e, mais tarde, a vontade da criança excede o que a família pode oferecer.

Mas a família, seja lá o que for, é uma educação da vontade e, também, da frustração; pois, como a família atende mais ou menos a nossas necessidades e vontades, é igualmente nela que aprendemos sobre a frustração. É justamente quem consegue nos satisfazer, nos fazer sentir melhor, que será capaz de nos frustrar e nos fazer sentir pior, o que faz de nós em termos freudianos animais fundamentalmente ambivalentes: ali para onde dirigimos nosso amor dirigiremos também nosso ódio nos momentos de frustração e, nesse ódio, presumimos que estamos sendo ativamente privados de amor, do que queremos, precisamos e poderíamos ter. Nesse sentido, estamos sempre passando vontade – isto é, em um estado de necessidade dependente e, portanto, ambivalente dos outros – e estamos sempre e unicamente preocupados com o que queremos e precisamos. Esse se tornou um relato mais ou menos familiar, secular e materialista do que a vida moderna representa. Quaisquer que sejam nossas ambições e ideais pessoais, eles são orientados pela sobrevivência. E a sobrevivência, por sua vez, é sustentada pelo apetite.

Ainda assim, esse relato produz, como veremos, dois tipos de pessoas, que não são muito diferentes dos dois tipos de "perfil" que William James descreve em *As variedades de experiência religiosa*; o que ele chama de "o contraste entre duas formas de encarar a vida que são características, respectivamente, do que chamamos de mentalidade saudável, que precisa nascer apenas uma vez, e das almas doentes que precisam nascer duas vezes para serem felizes". Ele continua:

Na religião daqueles que nascem uma vez, o mundo é retilíneo e térreo e suas contas são calculadas sob um mesmo denominador, cujas partes possuem apenas os valores que naturalmente aparentam ter e cujo resultado final deriva de uma simples série de somas e subtrações algébricas. A felicidade e a paz religiosa consistem em viver no lado positivo da conta. Na religião dos nascidos duas vezes, em contrapartida, o mundo é um mistério assobradado. A paz não pode ser alcançada pela simples adição dos positivos e eliminação dos negativos da vida. O bem natural não é simplesmente transitório e insuficiente em quantidade; existe uma falsidade inerente a ele.

Não quero sugerir aqui um mapeamento muito preciso ou rigoroso, mas basta dizer que o "nascido uma vez" de James sabe o que está fazendo e o que deveria estar fazendo, e também sabe onde está; em resumo, ele sabe o que quer. Para o "nascido duas vezes" existe um mistério assobradado – ênfase no trocadilho com mistério assobradado e assombrado, um mistério sobre outro. Não existe uma moralidade simples e óbvia nem uma verdade disponível para eles; o que conta como positivo e negativo na vida não é óbvio. Podemos extrapolar e dizer que os "nascidos duas vezes" de James sofreram um tipo de desilusão catastrófica – talvez em relação à versão de si que nasceu primeiro – e precisam de algo diferente, algo mais. A primeira versão não funcionou para eles.

Para James, "a base psicanalítica do perfil de pessoa que nasce duas vezes parece ser uma certa discordância ou heterogeneidade no temperamento nativo do sujeito, uma constituição moral e intelectual incompletamente unificada". Ao passo que a "constituição interior" do que nasce uma vez costuma ser "harmoniosa e balanceada desde o início", James sugere que os que precisam nascer duas vezes sofrem com uma cisão no próprio ser; e claramente esses dois perfis são muito alegóricos, muito claramente diferenciados, muito ordenadamente opostos. No entanto, eles introduzem, nos termos específicos de James, uma versão de algo que é (ou pode ser) requalificado, se recorrermos a uma linguagem filosófica mais contemporânea, como um conflito entre essencialistas e antiessencialistas, entre aqueles que afirmam saber quem e o que realmente são, e que sabem o que fazer, e aqueles que desconfiam e ficam incomodados com essas afirmações, pois as consideram preventivas, oniscientes e punitivamente coercitivas e controladoras. Colocar dessa maneira obviamente pesa a balança para um lado; naquilo que James chama de "universo pluralístico", nós deveríamos ver onde e quando o essencialismo funciona para nós e onde e quando ele é indevidamente limitante. Não se trata de estabelecer qual seria preferível, o essencialismo ou o antiessencialismo, mas simplesmente de acrescentá-los a nosso repertório de descrições úteis. Podemos tomar o essencialismo e o antiessencialismo como dois aspectos de nosso ser moderno, como duas descrições provisórias.

Portanto, sobre a questão da vontade, quero sugerir, a propósito de James, que existem pessoas que afirmam saber, e têm necessidade de saber, o que queremos e precisamos; pessoas que com isso podemos descrever, em termos gerais, como oniscientes, ou ao menos entendedoras (e não devemos nos esquecer, por exemplo, de que queremos que nossos pais e nossos médicos conheçam e entendam nossas possíveis vontades e necessidades). E aqueles que sabem ao máximo o que queremos e precisamos podem ser chamados de fundamentalistas. E há também aqueles que não precisam saber de forma tão irrestrita o que queremos e precisamos; que de fato consideram muito desse conhecimento improvável, um tanto porque pressupõe que podemos conhecer o futuro (e saber do que somos capazes, saber quais são e deveriam ser nossas possibilidades), e um pouco porque pressupõe que podemos obter um conhecimento inquestionável e definitivo de nós mesmos. Para eles, a necessidade de saber, em qualquer sentido absoluto ou dogmático, é parte do problema, não da solução. Aqueles que são céticos ao máximo em relação a saber ou querer saber o que queremos e precisamos são conhecidos como liberais (ou pluralistas). Essa guerra moderna – entre os essencialistas, que sabem quem e o que somos (e, portanto, deveríamos ser), e os experimentalistas, que querem manter a mente aberta – é uma guerra pela vontade. E essa é uma versão de algo que tem sido parte integrante da história da psicanálise.

Desde o início da psicanálise, as pessoas não conseguiam deixar de se perguntar que tipo de inconsciente os psicanalistas descreviam, se já sabiam o que estava nele e como ele funcionava. Como se o inconsciente fosse conhecido por todos, menos pelos psicanalistas (os psicanalistas, obviamente, só podiam conhecer o inconsciente por meio de analogias linguísticas como um arquivo, uma forma de digestão, um reservatório de desejo pulsional e assim por diante). Como se o conhecimento do inconsciente fosse uma arma secreta, ou uma sabedoria secreta. Como se o menos privilegiado e o mais democrático dos recursos – todos têm um inconsciente, por assim dizer, assim como todos têm um passado – fosse conhecido apenas por alguns privilegiados. Como se nós, pessoas modernas, fôssemos todos membros de um culto desconhecido da maioria de nós. A ideia do inconsciente, ou de um inconsciente, era, ao menos para Freud, uma forma de descrever quão pouco as pessoas modernas – ou aquelas pessoas modernas que Freud e seus seguidores encontraram na Europa ocidental da época – sabiam e podiam saber sobre si; e com que força, astúcia e entusiasmo sustentávamos nossa ignorância sobre nós mesmos. Como chegamos a acreditar – por mais paradoxal e irônico que pareça – que nossa sobrevivência dependia de não conhecermos nosso desejo. Que poderíamos viver sem saber o que mais importava para nós, sem saber o que mais queríamos.

Talvez não exista mais nada que possamos fazer, além de inventar relatos complementares e conflitantes sobre como somos e não somos os autores de nossas próprias vidas; sobre como haverá em nós sempre mais do que afirmamos saber a nosso respeito; sobre como sabemos, não sabemos e não podemos saber o que queremos. O suposto inconsciente pode ser apenas aquilo que podemos continuar qualificando e requalificando (por meio de analogias) com o objetivo de obter a vida que queremos, de maneira pragmática; ou com o objetivo de descobrir, por meio do diálogo, quais são as vidas que acreditamos querer e por que acreditamos que as queremos. Se, nas famosas analogias de Freud, não somos senhores em nossa própria casa, ou estamos apenas conduzindo o cavalo na direção em que o cavalo quer ir, precisamos descobrir qual é a aparência dessas casas e desses cavalos. Como podemos, se é que podemos, requalificá-los a fim de obter uma nova imagem do que aparentemente nos impulsiona, ou daquilo que ainda não sabemos sobre nós mesmos? Uma nova imagem daquilo que ainda não sabemos que queremos, dado que as vontades, como todas as outras coisas, evoluem e variam ao longo do tempo.

Portanto, o título deste capítulo, "Sobre não querer", não é um exemplar de falso orientalismo, de Zen brega ou de Budismo com letra minúscula. Nem é uma sugestão de ascetismo, mas uma tentativa, em parte por meio da linguagem da psicanálise, de conversar novamente sobre o querer e o não querer que sempre assombram a nós, queredores contumazes. Devemos destacar, embora seja óbvio, que todas as supostas categorias de diagnóstico são, entre outras coisas, descrições de formas de não querer (sempre vale a pena perguntar como a histeria, a obsessão, as fobias, a angústia e a depressão são formas de não querer). É como se fosse difícil para nós conversar a respeito das consequências de nossa ambivalência sobre o querer e de nossos profundos conflitos em torno da dependência; ou sobre como dependemos absolutamente da linguagem para essas descrições. Em um sistema binário bem conhecido, parece que a única alternativa ao querer (e a seu mal-estar) é o não querer (e seu mal-estar). É como crer que temos que escolher entre a ganância e a anorexia. Quando na verdade podemos nos perguntar, em qualquer situação, o que queremos e o que não queremos, e o que poderíamos fazer em situações nas quais querer ou não querer parecem ser as opções mais atraentes.

Realmente, pode parecer, em contrapartida, que – digamos, da perspectiva darwinista –, como animais, nós não somos muito bons em querer; ou que, da perspectiva freudiana e, mais tarde, lacaniana, a aquisição da linguagem emboscou ou mesmo sequestrou nossa vontade (qual, podemos nos perguntar, é a mudança envolvida em atribuir palavras a vontades?). Ainda assim, o que Freud e os psicanalistas que vieram depois nos mostraram muito bem é como e por que costumamos formar uma imagem tão errada e perturbadora da vontade. Ou, se não erradas, pelo menos desnecessariamente frustrantes. Ou, nas palavras de James, simplesmente enganadas. A vontade pode ser frustrante, em diferentes medidas, mas isso vale para as maneiras que encontramos para falar dela; ou as maneiras que temos para falar sobre a vontade podem gerar frustração, ou gerar a frustração que descrevem. Decerto, pode haver uma ironia significativa no fato de que as maneiras que encontramos para enunciar e descrever o apetite colocam ou encenam o apetite como um tipo de ameaça ou perseguição. A vontade, por exemplo, pode ser requalificada como um experimento com a atração; ou como o ato de testar as preferências. Se justamente aquilo que nos sustenta parece ser aquilo que nos desfaz – se nosso meio de contato conosco e com os outros é a fonte de nossas alienações formadoras –, devemos nos perguntar, como Freud, o que queremos que o apetite faça por nós. E poderemos notar, ao contrário de Freud, quão hábeis temos sido em encontrar imagens e descrições do apetite que o sabotam.

II

Durante minha vida, espalhei sugestões por aí, sem perguntar o que aconteceria com elas. Posso admitir, sem me sentir diminuído, que aprendi isso ou aquilo com os outros.
SIGMUND FREUD, carta a
Wilhelm Fliess, 1904

Quando o seguidor de Freud, Ernest Jones, introduziu o conceito de afânise na psicanálise em 1927, em um artigo sobre o desenvolvimento inicial da sexualidade feminina – "afânise" é uma palavra de origem grega que significa "desaparecimento", mas que foi usada por Jones para se referir ao desaparecimento do desejo sexual –, ele sugeriu que o medo humano mais profundo não era o da castração, como Freud propôs, mas a falta ou perda de desejo sexual. Em outras palavras, o medo primordial não é a mutilação, mas a falta de vontade, é a morte do desejo e da dependência; o argumento implícito de Jones é que o desejo sexual é o tipo de coisa que pode desaparecer. E que uma pessoa que fosse levada a essa falta de vontade consideraria a vida insuportável. A afânise seria a cena primária de nosso ser diante de uma perda. Contudo, se a castração ou a afânise eram o terror fundamental, a vontade, o apetite, seria a única base de sustentação, a única coisa que faria a vida valer a pena. Era na precariedade da vontade – aquele apetite sexual não era algo "natural", como parecia ser para outros animais, nem algo que poderíamos tomar como dado – que os primeiros psicanalistas queriam insistir. E os psicanalistas posteriores que analisaram crianças rapidamente tiveram de reconhecer que, embora pouquíssimos bebês tenham um desenvolvimento malsucedido, é bastante frequente as crianças terem uma alimentação conflituosa e empenharem grande esforço para simplificar o apetite, regulando-o demais ou de menos. O que seria ou como sentimos o apetite – tal qual o descrevemos historicamente – se ele exige tanto trabalho, tanta atenção, tanta angústia e tanto conflito?

Em um dos três ensaios de "Alguns tipos de caráter encontrados no trabalho psicanalítico" (1916), intitulado "Os que fracassam ao triunfar", Freud escreve sobre uma de suas descobertas aparentemente anômalas. Ao mencionar sua já conhecida teoria de que ser incapaz de querer – para ele, "a privação, a frustração de uma real satisfação" – "é a primeira condição para a geração de uma neurose e, de fato, está longe de ser a única" –, ele descreve algo aparentemente desconcertante:

> Parece tanto mais surpreendente e, na verdade, espantoso quando, como médico, alguém descobre que as pessoas às vezes adoecem precisamente quando um desejo profundamente enraizado e há muito acalentado se concretiza. Parece então que não foram capazes de tolerar a própria felicidade; pois não pode haver dúvida de que existe uma ligação causal entre seu sucesso e o adoecimento.

Para Freud, a surpresa e o espanto inspiraram a buscar por uma explicação, em vez de um apetite para a surpresa e o espanto. Assim, ele conclui que são "forças do consciente que impedem o sujeito de obter uma vantagem há muito esperada após uma fortuita mudança da realidade". Uma coisa é querer algo na fantasia, mas ter esse desejo concretizado pode ser perigoso: pode ser um desejo proibido, um prazer esmagador ou um prazer que cria uma dependência; ou pode ser um prazer invejável que inspira ataques. Nossos prazeres e satisfações podem acontecer ao custo da privação e do sofrimento alheio. Existem, portanto, muitas razões boas e interessantes identificadas pela psicanálise para explicar por que o prazer é um problema; por que precisamos, na formulação de Bion, aprender a experiência sofrida da dor e a experiência sofrida do prazer.

Freud retorna ao enigma daqueles que foram esfacelados por uma satisfação desejada em seu ensaio "Um distúrbio de memória em Acrópoles", de 1936, mas aqui ele conecta esse enigma mais explicitamente à satisfação edipiana do menino que triunfa sobre o pai; claramente, ele retoma o assunto por uma boa razão. Eram os efeitos paradoxais do querer que Freud queria considerar e reconsiderar. No complexo de Édipo, na maneira como Freud usa o mito, o menino quer a mãe, mas para conquistá-la ele precisa matar ou desalojar o pai ou provocar sua retaliação. Então a vontade pulsional do menino, por assim dizer, é exatamente o que coloca sua vida em risco: a vontade edipiana é uma forma de automutilação, a falta de vontade é uma forma de autoinanição. Freud escreve nesse artigo tardio:

> É um desses casos "bons demais para ser verdade" que encontramos com tanta frequência. É um exemplo de incredulidade que surge com tanta frequência quando estamos diante de uma boa notícia, quando descobrimos que ganhamos um prêmio, por exemplo, ou que fizemos uma aposta vencedora, ou então quando uma moça descobre que o homem que ela amava em segredo pediu permissão aos pais para cortejá-la [...] via de regra, as pessoas ficam doentes como resultado da frustração, da não concretização de alguma necessidade vital ou desejo. Mas no caso oposto dessas pessoas, elas ficam doentes ou completamente despedaçadas porque um desejo avassalador foi realizado. Porém o contraste entre as duas situações não é tão grande quanto pode parecer inicialmente.

Freud sugere que realizar ou não realizar uma necessidade vital ou um desejo não são tão diferentes quanto pode parecer; tanto a realização de um desejo como sua frustração provocam sofrimento (cuidado com o que você deseja; a questão que sempre volta a Freud é: o que faz o prazer valer a pena?).

O prazer, exatamente aquilo que procuramos, pelo mesmo motivo parece ser exatamente o que evitamos. Retomando o tema edipiano a partir de uma perspectiva pré-edipiana, a analista italiana Maria Pierri comenta o artigo tardio de Freud: "a alegria excessiva colocaria em perigo [o sentido da própria identidade de uma pessoa] e daria origem ao terror aniquilador de ser reabsorvida pelo oceano materno". De uma perspectiva pré-edipiana, se você consegue o que deseja, você se perde ao ser imergido novamente na mãe; ou, de uma perspectiva edipiana, você corre o risco de sofrer a violência do pai. Conseguir o que queremos pode dar a sensação de nos perdermos e de sermos feridos. Querer a mãe sob qualquer forma – algo que não podemos evitar fazer – é uma questão de vida ou morte. Se o querer nos sustenta, também ameaça nos destruir; se o não querer nos esfomeia, também nos mantém seguros. Na história freudiana, o que você mais deseja é o que não deve ter. Para usar um eufemismo, o tabu do incesto complica nossa vontade. Se querer é catastrófico, não querer pode parecer algum tipo de solução, algum tipo de autocura. A chamada "resolução do complexo de Édipo" implica aprender a não querer. E não querer na verdade só pode significar querer diferente, querer de outra maneira.

Portanto, se o sucesso, se conquistar aquilo que você mais deseja leva ao adoecimento, vale a pena pensar se seu desejo de fato não seria ficar doente, e por isso você se esforçaria para alcançar o sucesso; ou então se não é esse sucesso o que você realmente quer. Porque, é claro, a outra coisa – talvez mais significativa – que a psicanálise acrescenta ao debate cultural contemporâneo sobre o querer é que não temos consciência do que queremos; não apenas porque essa vontade pode ser proibida mas porque nosso querer pode ser muito prolífico. E isso significa que não sabemos e nem sempre podemos saber o que queremos, de um ponto de vista não essencialista; e que, de um ponto de vista essencialista, sabemos exatamente o que queremos, mas não devemos saber que sabemos, porque é perigoso demais reconhecer esse conhecimento. Em uma psicanálise antiessencialista – uma psicanálise que não usa nem o complexo de Édipo, nem a sexualidade ou a pulsão de morte para nos simplificar; que usa essas ideias como características que nos influenciam, mas não nos definem –, poderíamos dizer que somos tão perturbados pela proliferação, variedade, diversidade e imprevisibilidade de nosso desejo que somos sempre tentados a ativamente fechar a cabeça, a afirmarmos que sabemos o que queremos e nos mantermos fiéis a essa noção; em outras palavras, talvez não exista nada mais defensivo, nada mais alienante, nada mais onisciente do que acreditar que você sabe o que quer (como se querer, no limite, fosse semelhante ao vício). Saber o que você quer pode ser uma forma de medo do futuro. Saber o que você quer pode ser a manifestação do medo de consequências imprevisíveis. Saber o que você quer pode significar que seu conhecimento triunfou sobre seu desejo. Saber o que você quer pode ser mais uma questão de segurança que de vontade. Saber o que você quer, na verdade, pode ser medo de querer. Não querer o que você acha que quer pode, ao menos às vezes, criar espaço para diferentes tipos de querer. Em outras palavras, com o conceito de inconsciente, Freud introduz a possibilidade de que, em muitos sentidos, não sabemos e, com frequência, não podemos saber o que queremos; a possibilidade de que o projeto de saber o que queremos é uma defesa contínua contra – e uma tentativa de encerrar – o interminável projeto de descobrir o que queremos a cada momento. Pode-se dizer que esse é o desenvolvimento transicional da vontade certa e reconhecível para a vontade provisória e experimental. Os dois tipos de vontade são necessários em diferentes situações e como meios para diferentes fins. Não é sempre que queremos novidades.

Se, como Freud nos diz, a coisa mais impressionante a respeito de nossa vontade é sua mobilidade, nossa capacidade de deslocamento – aquilo que o psicanalista Charles Rycroft define como "o processo por meio do qual o indivíduo desloca seu interesse de um objeto ou atividade para outro, de tal maneira que o novo se torne equivalente ou substitua o anterior" –, então parece que saber o que queremos seria uma tentativa de nos imobilizar, de parar o tempo, de interromper processos de equivalência e substituição em curso. Cada ato de deslocamento, cada descoberta de uma equivalência e de um substituto, acrescenta algo novo ao que foi substituído; porque, na verdade, não existem equivalentes que sejam idênticos, a equivalência é sempre uma adição. A vontade como o choque do novo, ou como o choque familiar do velho. O deslocamento como nossa grande dádiva, ou como nosso refúgio consolador. O deslocamento como o desmanche do essencialismo, ou sua confirmação tranquilizadora. O antiessencialismo potencial do deslocamento revela, por exemplo, a diferença entre a livre associação e a narração de uma história coerente e inteligível; a diferença entre explicação e evocação; a diferença entre informação e capricho; a diferença entre um dogma e uma impressão.

Em *A interpretação dos sonhos*, Freud sugere que no cerne dos sonhos está o deslocamento (e a condensação): "os elementos mais importantes do conteúdo latente são representados por detalhes insignificantes", resumem Laplanche e Pontalis em seu *Vocabulário da psicanálise*. Enfatizar, priorizar, realçar, destacar, insistir, colocar em primeiro plano, persuadir – todos são estados de convicção e certeza; são formas de disfarce, engodos. Todas as tentativas de organização excessiva, de forçar um significado, em vez de permitir que ele apareça (o risco de interpretar sonhos é que, com muita facilidade, isso se converte em desejar o que não pode ser desejado). Apenas os elementos insignificantes do sonho são significativos, segundo o relato de Freud. Naquilo a que ele se refere como processo primário – sua descrição de como o inconsciente funciona e como os sonhos são "feitos" –, o deslocamento é central: novamente nas palavras de Laplanche e Pontalis, "é o mecanismo por meio do qual uma ideia aparentemente insignificante se torna investida com todo o valor psíquico, toda a profundidade de significado e toda a intensidade atribuídos originalmente a outra ideia".

Se, ao menos nos sonhos e no pensamento inconsciente, ideias insignificantes são portadoras de significado, se a intensidade, o valor e o sentido podem ser encontrados onde menos se esperaria, então o que se espera de nós é um tipo diferente de atenção em relação a nós mesmos. E uma imagem diferente do que pode fazer parte da sociabilidade; do que pode ter valor para nós em relação aos outros e em relação a nós mesmos. Um não querer onde antes havia carência. Se há um deslocamento claro, há também alguma coisa que está sendo deslocada; mas no processo de deslocamento, essa coisa pode ser radicalmente revisada. A requalificação desloca e recoloca ao mesmo tempo.

Portanto, se a questão também é por que uma mobilidade tão versátil e um disfarce tão engenhoso são necessários para nosso desejo inconsciente, existem ao menos duas possibilidades, duas respostas; duas possibilidades nas quais a guerra entre essencialistas e experimentalistas volta a aparecer. O essencialista diria que nosso desejo inconsciente precisa de disfarces tão elaborados porque é proibido; existe uma coisa real – o desejo incestuoso – à qual todos esses disfarces aludem, fazem referência e nos protegem de reconhecer (é isso que está sendo deslocado). O tabu do incesto organiza nossa vida psíquica. O experimentalista diria que não existe coisa real, nenhuma coisa real que defina e determine nosso desejo, mas que nosso desejo – ou melhor, nossa carência – é móvel e muitas vezes imprevisível (encontramos coisas e pessoas que não sabíamos que queríamos nem que nos interessavam). Para o experimentalista e o pragmático, a história de Édipo está entre os muitos mitos que podemos usar para obter a vida que queremos.

São os bebês e as crianças pequenas que são essencialistas; ainda que de maneira inconsciente e não cognitiva, eles e suas mães costumam saber bastante bem o que querem e do que precisam, e geralmente é algo que está real e prontamente disponível; contudo, tem início na adolescência uma vontade mais inconstante e inquieta à qual me refiro como uma espécie de antiessencialismo (uma vez que a própria mãe deixa de ser desejada, descobre-se que existem muitos tipos de mulheres diferentes no mundo; que os objetos de desejo podem vir de formas inesperadas). O adolescente e o adulto que ele mais tarde se torna sabem que querem alguma coisa, mas não podem saber de antemão que coisa é essa (usamos as palavras "puberdade" e "sexo" para simplificar; se as pessoas não querem mais os pais, o que ou quem querem?). Devido ao angustiante desconcerto do querer ensejado pelo desenvolvimento moderno, as pessoas sempre serão tentadas a descobrir o que acreditam ser suas vontades, a acomodá-las e a acomodar-se nelas (é isso que muitas vezes chamam de autoconhecimento). E, ao nosso redor, sempre haverá muita gente disposta a nos dizer o que realmente queremos, decretando que é perfeitamente possível descobrir o que realmente queremos; a fim de interromper esse deslocamento interminável do desejo, que Freud descreveu de maneira tão vívida e depois obstruiu por conta própria com o complexo de Édipo, a sexualidade e a fantasia da autoridade do analista.

Querer, portanto, pode ser uma empreitada essencialista – descobrir o que você realmente quer e descobrir como você pode conseguir isso, se é que isso é possível; de forma que o problema não seria saber o que você quer, mas como conquistar isso. Ou querer como um projeto experimental, em que tudo o que você consegue descobrir é o que pode querer e o que você pode querer muda e é sempre provisório. O querer como um projeto experimental envolve muito não querer, não estar tão disposto a esperar os outros te dizerem o que você quer; querer como uma espécie de risco, em vez de uma tentativa de consolidação (querer como aquilo que John Stuart Mill chamou de "um experimento de vida"). O essencialista quer conhecimento, cúmplices e algum tipo de garantia; o experimentalista quer experiência, sociabilidade e algum tipo de segurança. Embora seja difícil definir o que é essa segurança. Talvez, acima de tudo, o experimentalista precise continuar experimentando com o tipo de segurança que acredita precisar em cada situação.

E, dessa maneira, deveríamos encarar o essencialista e o antiessencialista como colaboradores e reconhecer que, para ser qualquer um dos dois, é preciso conseguir ser ambos. Que os dois são aspectos potenciais de nós mesmos, mas não exaurem o repertório de nossos aspectos.

Para o experimentalista o risco não passa de mais do mesmo: o que ele deseja é uma sensação de vitalidade e um senso do que não pode ser antecipado. Ou seja, o experimentalista quer ser surpreendido (o objetivo do desenvolvimento deveria ser se tornar o mais dependente possível, por exemplo). Para o essencialista o risco é a perda da compostura, a desorientação: o que ele deseja é a reafirmação e a sensação de familiaridade. O essencialista não quer ser novamente traumatizado. Obviamente, ambos estão na pista de algo importante. Mas vale a pena destacar que não importa se acreditamos ou não ter nascido como experimentalistas – o que mais poderíamos ser no início da vida? –; o fato é que é preciso muito tempo, muitos cuidados dos pais, educação e uma aculturação mais tácita para nos tornarmos e nos entendermos como essencialistas.

III

Se consigo concebê-lo, não é o que quero.
RANDALL JARRELL, "Uma criança doente"

Estava claro há alguns anos que Jung – designado por Freud como seu "príncipe herdeiro", em uma analogia reveladora – começava a se "desviar" do projeto psicanalítico de Freud. Jung era cético quanto ao lugar privilegiado dado por Freud à sexualidade e quanto à intolerância de Freud em relação ao oculto e ao trans-histórico. Onde Freud via o histórico pessoal no desenvolvimento da neurose, Jung estava cada vez mais convencido do que chamava de "inconsciente coletivo" e das mitologias supostamente contidas nele. Jung era presidente da Associação Psicanalítica Internacional e foi no congresso realizado pela associação em Munique em 1913 que as coisas chegaram ao auge no que, em retrospecto, foi um momento claramente formador na história da psicanálise. Em *The Freud Journal* [Notas sobre Freud], Lou Andreas-Salomé descreve a cena:

> Os membros do grupo de Zurique sentaram-se à mesa em frente à de Freud. Seu comportamento em relação a Freud pode ser caracterizado em uma palavra: o problema não é que Jung diverge de Freud, mas que o faz de tal maneira como se tivesse assumido a responsabilidade de resgatar Freud e sua causa por meio dessas divergências. Se Freud empunhar a lança para se defender, isso será mal interpretado, pois será tido como evidência de sua falta de tolerância científica, de seu dogmatismo e assim por diante. Um olhar para os dois revela qual é o mais dogmático, o mais apaixonado pelo poder. Há dois anos, o riso estrondoso de Jung deu voz a uma espécie de alegria robusta e vitalidade exuberante, mas agora sua determinação é feita de pura agressividade, ambição e brutalidade intelectual [...]. Freud permaneceu o mesmo de sempre, mas foi com dificuldade que conteve sua própria emoção profunda; e não havia nenhum lugar onde eu preferisse me sentar se não a seu lado.

Claramente uma visão partidária, mas à medida que essa mulher notável descreve o encontro entre os dois homens, ela pinta uma imagem da confiança arrogante de Jung e da derrota digna de Freud em relação ao grupo de Zurique, no qual tanto investiu. Não se trata apenas de Freud não poder vencer com eles – se ele se defende, é visto como dogmático, e assim por diante – mas de não conseguir realmente se exprimir, pelo menos no relato de Andreas-Salomé. Ele está, como na descrição que ele mesmo faz mais tarde do *Moisés* de Michelangelo, "contendo sua própria emoção profunda".

Naquele Congresso, Freud percebeu que não seria capaz de conseguir o que queria de Jung. É sua resposta a isso que quero discutir à luz do querer e do não querer.

Ao fim do Congresso, Jung foi reeleito presidente, mas quarenta por cento dos membros se negaram a apoiá-lo e o grupo nunca voltou a se encontrar. No ano seguinte, em 1914, recordando o que havia acontecido no Congresso de Munique, Freud escreveu em *A história do movimento psicanalítico* palavras que seriam fatídicas para a psicanálise e para a história da psicanálise:

> [...] pois a psicanálise é criação minha; durante dez anos fui a única pessoa que se interessou por ela, e todo o desagrado que o novo fenômeno despertou em meus contemporâneos desabou sobre minha cabeça na forma de críticas. Embora de muito tempo para cá eu tenha deixado de ser o único psicanalista existente, acho justo continuar afirmando que ainda hoje ninguém pode saber melhor do que eu o que é a psicanálise, em que ela difere de outras formas de investigação da vida mental, o que deve precisamente ser denominado de psicanálise e o que seria melhor chamar por algum outro nome.

Em termos muito simples, para os fins deste ensaio podemos dizer que Freud não consegue o que quer de Jung e do grupo de Zurique e isso o transforma em um essencialista dogmático; ele se transforma no mestre do que é essencial para a psicanálise. Ele sabe melhor que ninguém o que é a psicanálise; mas o que consideramos ser a psicanálise, se é que ela é algo que uma pessoa pode conhecer plenamente? E como Freud, segundo sua própria visão, sabe reconhecer o que é a psicanálise? Quais seriam os critérios para determinar o que é a psicanálise e como esses critérios poderiam ser definidos?

Ele poderia ter escrito, se fosse um experimentalista liberal: o maravilhoso da psicanálise que eu mais ou menos inventei é a amplitude e o alcance do argumento que ela gera; ela estimula as discordâncias mais interessantes, inspiradoras e fervorosas entre as pessoas. Ela realmente mexe com as pessoas. Quando começam a estudar, praticar e debater a psicanálise, o efeito é impressionante; as pessoas partem para discussões muitas vezes acaloradas, às vezes envolventes, outras vezes nem tanto, mas sempre em torno de temas importantes. De fato, a psicanálise parece ser algo que coloca em questão toda a ideia de um consenso e de concordância entre as pessoas.

Mas, como sabemos, sem dúvida ferido, e um tanto sitiado, Freud teve que se declarar dono da psicanálise e dar início a toda uma tradição vergonhosa de pessoas que precisam nos dizer o que é a psicanálise, pessoas que afirmam saber exatamente o que deveria ser chamado de psicanálise, em vez de continuarmos a descobrir o que poderia ser e o que poderíamos querer que fosse. Que tipo de autocura foi, para Freud, essa forte afirmação de propriedade, e o que ela procurava curar? Afinal, ele poderia ter sido um pioneiro não de frases como "Sei o que estou fazendo e sei do que estou falando", mas de frases como "Não estou pedindo para que concorde comigo, só estou falando o que penso" ou "'Para mim, as coisas parecem ser assim, como parecem ser para você?". Uma psicanálise que promova um novo tipo de debate no qual possamos reconhecer os benefícios de não precisarmos saber do que estamos falando nem presumir que sabemos com quem estamos falando.

Para concluir, podemos especular que, aqui, o essencialismo aparentemente magistral de Freud – "Ninguém pode saber melhor do que eu o que é a psicanálise" – era sua autocura contra o assustador reconhecimento de que a psicanálise anunciava a morte do essencialismo e de seu cúmplice secreto: o domínio do que quer que seja. Onde um dia existiu uma suposta certeza e o dogma, havia agora o inconsciente. Onde um dia existiu o conhecimento e o ceticismo – o empirismo autocorretivo da ciência – havia agora um desconhecimento radical e constitutivo. Jung, ao questionar o apego de Freud pela sexualidade e sua antipatia ao misticismo, pode ter sido compreendido por Freud como alguém que estava disposto a desmantelar aquilo que ele queria que fosse o alicerce da psicanálise.

O inconsciente freudiano, sem suas moções pulsionais, se torna um valor desconhecido e imensurável. Todos os críticos de Freud dirão, de maneiras diferentes, que as pessoas modernas não querem o que Freud diz que elas querem. Depois que Freud nos contou em termos inequívocos o que queríamos, não surpreende, em retrospectiva, que os relatos daquilo que não queríamos – apesar dos apelos de Freud – se tornassem fundamentais tanto para os críticos como para os revisionistas da psicanálise. Porém a insistência, a astúcia, a engenhosidade e a fluidez de nossas vontades e de como as navegamos se tornaram o legado mais útil e duradouro de Freud.

Sobre ser excluído

Não existe classificação sem propósito.
BERNARD WILLIAMS,
Ensaios e resenhas, 1959–2002

Certa vez, Kafka escreveu em seu diário que uma das vantagens de se deitar no chão é que não há mais para onde cair. Mas isso significa libertar-se *de*, não *para*: ele está livre da angústia de cair, mas não fala nada sobre o que é esperado que essa liberdade faça. Em outras palavras, deitar-se no chão não é condição prévia para fazer outra coisa. Se Kafka tem um tema preferido, é a exclusão, a sensação de ficar de fora. É sentir-se alheio ou estranho, incapaz de participar (ou, em sua vida pessoal, de se casar), e ele transforma essa sensação de exclusão no desejo de se excluir. Quando os heróis ou anti-heróis de Kafka não descrevem o próprio estado de exclusão – até mesmo da lei, que por definição deveria incluir a todos –, eles descobrem de modo insólito que se excluíram sem perceber. E, o que é pior, sem ninguém mais perceber ou se importar.

"O grande nadador! O grande nadador!", gritavam as pessoas. O som vinha dos Jogos Olímpicos em X, onde eu acabara de bater o recorde de natação. Subi as escadas da estação de trem em minha cidade natal – onde é que fica? – e observei a multidão indistinta sob o crepúsculo. Uma menina, cuja face toquei brevemente, pendurou em mim uma faixa que dizia em língua estrangeira: "Ao Campeão Olímpico" [...]. Honrado público! É verdade que bati um recorde mundial, mas se me perguntassem como fiz isso, não poderia dar uma resposta satisfatória. Na verdade, não sei nadar. Sempre quis aprender, mas nunca tive a oportunidade. Então, como fui enviado aos Jogos Olímpicos? Essa é a pergunta que gostaria de responder.

Poderíamos dizer que esse fragmento, de agosto de 1920, é como um sonho – de fato, Kafka o semeia com elementos oníricos enigmáticos: "minha cidade natal – onde é que fica?", "os Jogos Olímpicos em X", a língua estrangeira não revelada. Ou, se não se trata de um sonho, é uma fantasia que realiza o desejo de um ato impossível de heroísmo, o sonho de potência de um adolescente, o sonho de bater o recorde mundial de natação e de expor os adultos. Ou é algum tipo de piada. Mas estamos rindo de todos: o vencedor realizou um ato extraordinário e ninguém percebeu. Esse evento extraordinário não é motivo de revolta, alvoroço ou vergonha. Ele não é reconhecido como escândalo, farsa ou enganação. Não parece ter sido reconhecido por ninguém, além do vencedor que, na verdade, não sabe nadar, e de nós, leitores.

A piada, se é que estamos diante de uma piada, é que o heroísmo pode decorrer da incompetência. Ou que só podemos ter vencedores porque somos perdedores. Ou que ser o melhor em algo é ser incapaz de fazer aquilo. Ou, na verdade, que temos uma ideia errada sobre o que é nadar ou vencer uma competição, ou mesmo sobre o que é uma competição. "No fim das contas, a vitória no páreo não é algo que vale a pena desejar", escreve Kafka em "Reflexões para jóqueis masculinos". A descrição que se faz da vitória pode formar a imagem de algo que não a vitória. Podemos estar enganados sobre nossos supostos objetos de desejo. Querer vencer, ou querer não perder, pode ser nossa maneira de evitar ponderar se queremos de fato competir.

De certo modo, todos ficaram de fora da final olímpica de natação, ou melhor, dessa imitação de final olímpica de natação. Não era uma final nem mesmo uma competição, pois o vencedor não sabia nadar. Kafka nos convida a pensar sobre como alguém que não sabia nadar conseguiu chegar tão longe. O que os organizadores e o público – as autoridades e as testemunhas – pensam que estavam fazendo (sem falar no próprio "nadador")? Como boa parte do que chamamos de literatura modernista, ficamos por fora dessa história até uma hora em que sentimos que finalmente a compreendemos ou até encontrar uma maneira de reposicioná-la, atribuindo sentido a ela. Embora estejamos bastante familiarizados com a sensação de ficar por fora em se tratando de obras de arte, Kafka indica que essa experiência não é muito diferente de se sentir incluído. Talvez nossos sucessos, conquistas e triunfos – como vencer nas Olimpíadas – sejam enganosos. É possível que nem tenhamos vontade de participar de eventos sociais populares e bem-sucedidos. Pode ser até que, sem nos darmos conta, tenhamos comparecido a eles sem realmente participar deles.

Dois meses depois de escrever sobre o campeão olímpico, Kafka, que era ávido nadador, escreveu novamente sobre a natação: "Posso até nadar como os outros, mas minha memória é melhor que a dos outros e não me esqueci de meu antigo eu que não sabia nadar. Por não ter esquecido, meu eu que sabe nadar não é de grande ajuda, e eu ainda não consigo nadar". Como havia – e ainda há – uma época anterior à que sabíamos nadar, sempre seremos, dentro de nós, pessoas que não sabem nadar. Nessa história, a exclusão sempre precede a inclusão, sempre somos assombrados pela ideia de ficarmos de fora. A pessoa que não sabe nadar sempre está conosco. E a questão, como Freud tentou formular e formalizar, é a seguinte: que tipo de relação temos com essas versões anteriores de nós? Como crianças que crescem, somos iniciados na sociabilidade e, eventualmente, incluídos no mundo adulto – ou, pelo menos, essa é a história oficial. No entanto, o fato de que um dia fomos incapazes de nadar significa que ainda não sabemos realmente nadar, mesmo depois de ganhar uma medalha olímpica de natação.

Essa sugestão traz consequências extraordinárias. De acordo com o clichê familiar do romantismo, e do romantismo que é o freudianismo, sempre seremos as crianças que um dia fomos. Disso decorre que nunca somos verdadeiramente capazes de fazer nenhuma das coisas que fazemos como adultos. O domínio do que quer que seja, o desenvolvimento, aprender com a experiência e o próprio aprendizado, sem mencionar a sexualidade adulta e o uso da linguagem, são um mero disfarce. Podemos aspirar, mas nunca realmente alcançar aquilo a que aspiramos: na verdade, talvez sejamos capazes apenas de aspirar – o que torna ridículos todos os nossos ideais e ambições culturais. Querer algo é ser excluído da possibilidade de obtê-lo. Portanto, ter sucesso, assim como crescer, é uma forma de recusa. A competição não revela nada. A vida adulta é uma farsa. Ser adulto é acreditar que você e todos os outros ganharam uma medalha olímpica de natação sem ao menos saber nadar. Segundo o biógrafo de Kafka, Reiner Stach, "um grande nadador, no imaginário de Kafka, era um termo da mais alta consideração". E termos da mais alta consideração são – para Kafka e Freud – sempre ironizados. Sempre ficamos de fora, principalmente quando parecemos estar incluídos. "Há esperança", escreveu Kafka, "mas não para nós." Uma vez que o essencial está lá, mas não está lá para nós, em certo sentido ele não está realmente lá – assim como uma vitória olímpica não está lá para um nadador, porque houve uma época em que o nadador não sabia nadar e, portanto, não pode ter vencido.

Para Kafka, para quem a liberdade *de* era uma maneira de recalcar a liberdade *para*, a exclusão não era uma oportunidade nem uma derrota. Era o reconhecimento de algo real. Ser uma pessoa – uma pessoa moderna, ao menos – é ser excluído de si e dos outros. Para os mais obviamente excluídos – por exemplo, os judeus da geração de Kafka em sociedades antissemitas como Praga –, as opções disponíveis incluíam a assimilação ou o sionismo, ambos excludentes. Mas também havia a questão e a resposta qualificadoras de Kafka: "O que tenho em comum com os judeus? Não tenho nada em comum comigo mesmo".

Foi Freud quem argumentou que passamos a vida envolvidos no projeto de nos excluirmos de nossas próprias vidas, que só podemos sobreviver pela exclusão. Nosso inconsciente nos inclui e nos exclui simultaneamente. Os judeus da geração de Freud em Viena não conseguiam se assimilar com facilidade. Mas Freud buscou demonstrar que aquilo que acreditava ser a natureza humana não podia, por definição, ser assimilado nem por si próprio. Do ponto de vista de Freud, as pessoas querem ter o mínimo possível em comum consigo mesmas. Os judeus podiam não ser aceitáveis para a cultura vienense, mas ninguém é aceitável para si, nem de longe. Os seres humanos, na opinião de Freud, estão radicalmente em desacordo com quem acreditam ser. E na leitura mais radical de Freud feita por Lacan, Freud nos diz que "tudo o que consideramos ser, não somos".

Independentemente de Freud estar escrevendo sobre o complexo de Édipo, a negação ou a pulsão de morte, ele falava sobre se excluir e ser excluído como partes constitutivas de quem somos. Nós nos inventamos por meio de nossa própria exclusão. Quando falamos, à maneira psicanalítica, do inconsciente, do recalque, dos mecanismos de defesa ou do sujeito descentrado, estamos falando de excluir e ser excluídos de nosso desejo, de nosso sentimento, de nosso pensamento. Estamos falando de excluir e ser excluídos da complexidade de nossa experiência desejante: se não somos, nos famosos exemplos de Freud, senhores em nossa própria casa, nem conduzimos nosso próprio cavalo, o que somos? Somos excluídos exatamente por aquilo que pensávamos que nos pertencia. Freud voltou sua atenção para as provocações de ser e se sentir excluído, de sentir a necessidade de excluir. Ele olhava para o que somos tentados a negligenciar em nós mesmos e nos outros, olhava para nossa paixão pela ignorância, para o medo que sentimos de nosso próprio desejo.

Mas Freud, obviamente, estava trabalhando com e sobre a linguagem. E, dado que a maioria das pessoas consegue falar, geralmente não somos excluídos da linguagem – o meio que usamos para descrever nosso estado de exclusão. No mutismo eletivo, a criança se isenta de falar, da própria linguagem, por escolha própria. Quando adultos, também somos seletivamente mudos: ficamos de olho no que dizemos. Não costumamos excluir outras pessoas da linguagem em si, por assim dizer, apesar de, por meio da censura, as excluirmos de determinados tipos de linguagem. Inicialmente, não sabemos falar, depois passamos a falar e então, tão logo adquirimos a linguagem, a usamos, entre outras coisas, para excluir. Ainda assim, como na fórmula kafkiana, como não podíamos falar inicialmente, ainda não podemos falar de verdade. Ou, nas palavras de Freud, quando falamos nunca sabemos muito bem o que estamos dizendo. Dizemos mais do que pretendemos e omitimos mais do que reconhecemos.

Freud escreveu para o colega e colaborador Wilhelm Fliess em 1897:

> Ser totalmente honesto consigo mesmo é um bom exercício. Apenas uma ideia de valor geral me ocorreu. Descobri o amor da mãe e o ciúme do pai em minha experiência pessoal e agora acredito que seja um fenômeno geral da primeira infância [...]. Se for esse o caso, o poder arrebatador de *Édipo Rei*, apesar de todas as objeções racionais ao destino inexorável que a história pressupõe [...] se torna inteligível [...] o mito grego se apodera de uma compulsão que todos reconhecem porque perceberam sinais dela em si mesmos. Cada membro do público já foi, em fantasia, um Édipo em formação [...] passou pela minha cabeça a ideia de que a mesma coisa pode estar na raiz de *Hamlet*.

Nesse primeiro relato do que se tornou o mito organizador da psicanálise, oriundo da tentativa de Freud de ser inteiramente honesto consigo mesmo, ele não é nada explícito sobre o fato de que o mito envolve um desejo de se casar – de fazer sexo – com a mãe e matar o pai. O amor da mãe e o ciúme do pai parecem inócuos, quase eufemísticos, quando comparados com a forma como o complexo de Édipo viria a ser definido: "grupo de ideias e sentimentos em grande parte inconscientes centrados no desejo de possuir o progenitor do sexo oposto e eliminar o do mesmo sexo", como Charles Rycroft colocou em seu *Dicionário crítico de psicanálise*.

Freud falava sobre o que chamou, sem ironia aparente, de complexo de Édipo "positivo". Mas isso implica que há também um complexo de Édipo "negativo", no qual, escreve Freud, "um menino não tem apenas uma atitude ambivalente em relação ao pai e uma escolha de objeto afetuosa em relação à mãe, mas ao mesmo tempo ele também se comporta como uma menina e demonstra uma atitude feminina afetuosa para com o pai e um correspondente ciúme e hostilidade para com a mãe". O equivalente é verdadeiro para a menina. A criança quer matar ambos os pais e amar ambos os pais. No desejo de matar, de eliminar o progenitor do mesmo sexo e "possuir" o progenitor do sexo oposto, e de matar o progenitor do sexo oposto e "possuir" o progenitor do mesmo sexo, o projeto da criança é acabar, de uma vez por todas, com a exclusão.

Freud nunca escreve exatamente nesses termos. Mas podemos muito bem passar a vida tentando mitigar os efeitos de ser excluídos e de antecipar essa exclusão. O que tememos em relação à perda é que ela nos exclui da presença de alguém: quando as pessoas nos deixam e, mais precisamente, quando as pessoas morrem, somos eternamente excluídos de sua companhia. Aparentemente, o luto é o melhor que podemos fazer em relação a essa exclusão definitiva, ou talvez seja a coisa mais socialmente aceita. Mas o que mais podemos fazer se e quando somos excluídos dessa maneira?

O luto parece ser a forma mais desesperada – talvez a mais absurda e menos promissora – de autocura, quando o problema é ser e se sentir excluído.

Há também o complexo de Édipo comum da vida cotidiana. Como escreve a psicanalista francesa Nicole Oury, "o destino da criança também é medido pelo lugar irrepresentável de suas origens, o desejo entre o pai e a mãe". A criança nunca poderá conhecer realmente a natureza do desejo por meio do qual foi concebida: ela é excluída de sua própria concepção. Se a criança do sexo masculino puder "possuir" a mãe, nunca será excluída de sua presença, e se puder matar o pai, a mãe não terá outro objeto de desejo e a criança não terá mais rival. Numa leitura mais benigna e, de certa forma, mais instrutiva do complexo de Édipo, Béla Grunberger propôs que o pai que exclui o filho da cama da mãe é o guardião da futura potência da criança: se o filho tentasse fazer sexo com a mãe, seria fisicamente incapaz e, portanto, humilhado. Vale a pena considerar as vantagens reais, na verdade a necessidade, de ser deixado de fora, e de ter os meios para suportar isso, e até mesmo para fazer algo a partir disso.

Quando uma pessoa é excluída, outra coisa fica disponível, mesmo se a primeira coisa disponível for a difícil e exaustiva sensação de ficar de fora (como se a sensação de exclusão às vezes fosse uma espécie de medo do palco). Portanto, a sempre ambivalente necessidade de ser excluído e o desejo de ser excluído têm de ser incluídos em nosso repertório. A exclusão pode implicar o despertar de outras oportunidades que a inclusão tornaria impensáveis. Se eu não for convidado para a festa, sou obrigado a considerar o que prefiro: o risco é que ser convidado para a festa decida por mim o que quero, que eu delegue meu desejo aos convites de outras pessoas. Saber ou pensar que sabemos o que queremos é nossa maneira de administrar o medo da liberdade. Querer ficar por dentro diz muito pouco sobre o que queremos, ao mesmo tempo que diz muito sobre como nos esquivamos de nosso querer.

Freud entende a inevitável exclusão da criança da sexualidade dos pais – a primeira festa para a qual não somos convidados – como a experiência fundadora e fundamental da experiência de desenvolvimento na vida da criança. Tudo depende do que nos faz nos sentirmos por fora. A vida da criança, segundo Freud, é um "trauma cumulativo" de ausências, exclusões e exílios: primeiro a separação da mãe, depois a exclusão do relacionamento sexual dos pais, mais tarde ser desalojado pelos irmãos e assim por diante. Além disso, há todos os acidentes, catástrofes e frustrações comuns da infância: ser excluído das satisfações procuradas, da segurança esperada, das necessidades não atendidas, das preocupações não reconhecidas que informarão toda a vida da criança.

Édipo Rei e *Hamlet* são relevantes pois seus heróis sofrem justamente com as experiências cumulativas e, em última análise, trágicas de ser e se sentir excluído. As tragédias – que Freud usa para compreender as experiências da infância, nunca comédias – falam de como os heróis trágicos buscam a autocura para as dificuldades da exclusão. Hamlet, Otelo, Lear, Macbeth, Coriolano e Tímon – para ficarmos apenas nos exemplos shakespearianos –, todos sofrem de ciúmes e invejas insuportáveis e assassinas, sintomas dos que são excluídos. Reagindo a essa sensação de exclusão, o herói trágico semeia o caos e tenta resolver o problema excluindo quem os exclui, em retaliação. Querendo, nas palavras do psicanalista Robert Stoller, "transformar o trauma em triunfo", o herói trágico tenta virar o jogo. A exclusão começa como uma tragédia, e a tragédia, sugere Freud, é essencial para o desenvolvimento. Portanto, a questão do desenvolvimento – a questão moral – é esta: existe solução melhor para a sensação de ser excluído do que a vingança? Sem a retaliação, contra os outros e contra nós mesmos, o que nos resta fazer? Se mato a mulher ou o homem que me trai, transformo o passivo em ativo: eles providenciaram minha exclusão, então eu providencio a deles. Mas se eu matar a mulher que amo, uma mulher que acredito ter me traído, ficarei para sempre excluído de sua companhia. A vingança torna a exclusão permanente.

Freud usa a expressão "cena primária" para descrever a fantasia da criança sobre o relacionamento sexual dos pais, o mistério do qual ela é inevitavelmente excluída e que pode incitar nela sentimentos de ciúme, inveja e vingança. De acordo com Laplanche e Pontalis em *Vocabulário da psicanálise*, a cena primária é a "cena da relação sexual entre os pais, que a criança observa ou infere com base em certas indicações e fantasias. Em geral é interpretada pela criança como um ato de violência por parte do pai". Temos de imaginar quão estranho, quão ininteligível, quão "irrepresentável" é para a criança a relação sexual de seus pais. Ela nunca viu nem imaginou nada parecido. A criança pressentirá algo do desejo de seus pais, mas não saberá o que é, por mais excitada e assustada que fique. No relato de Freud sobre nossa primeira e principal exclusão, a criança não sabe do que foi excluída, seja qual for sua experiência do fato. E os adultos não têm ideia de como poderiam incluí-la – ou melhor, sabem que ela não poderia ser incluída. Em seu desconhecimento, a criança projeta sua própria violência na cena e percebe o sexo como uma agressão masculina. (A criança, tal como o psicanalista, teoriza sobre a sexualidade.) O que isso demonstra é a dificuldade em distinguir entre aquilo de que supúnhamos ter sido excluídos e nossa imaginação projetada a esse respeito. É provável que imaginemos ter sido excluídos daquilo que acreditamos mais necessitar. Diga-me de que você se sente excluído e eu lhe direi o que você acha que quer.

Pode ser que a exclusão da chamada cena primária seja o que inspira a curiosidade, o que incita o desejo de saber e inspira a fantasia. A cena primária viola e estimula a onisciência da criança, pois apenas em fantasia ela pode saber o que não está lá. Mas com essa primeira situação a criança também experimenta a impotência: ela percebe que é tão poderosa quanto seus pais permitem que seja. Se os pais não querem fazer sexo – ao menos durante a noite –, eles permitem que a criança durma na cama deles. Esse é um poder que a criança tem. Porém, sempre que é excluída, da cama ou de qualquer outra coisa ou lugar, seu poder é retirado. E a impotência provoca uma poderosa fantasia na criança – sobre o que ela imagina que acontece em sua ausência, sobre o que quer e do que sente medo. Portanto, a cena primária deixa a criança com questões fundamentais. De que estou sendo excluída? O que virá em seguida? Ou a criança tenta entrar, com tudo o que isso implica, ou precisa fazer alguma outra coisa com os sentimentos intensos instigados pelo relacionamento sexual dos pais. No meio-tempo – e isso faz parte do desenvolvimento –, a criança precisa esperar, ao menos até a puberdade, para encontrar alguém para si, alguém que seja suficientemente parecido e diferente de seus pais. Mas o que a pessoa poderá incluir em sua vida dependerá do que tiver conseguido fazer de suas primeiras e formativas exclusões.

Freud, assim como Kafka, sempre quis encontrar novas formas de falar sobre a exclusão. Como judeus na Europa – naquelas cidades e naquele momento –, não surpreende que essa tenha sido uma perplexidade essencial. Ainda assim, nenhum deles se envolveu em apelos especiais nem recorreu de forma explícita a escritos pertencentes à tradição judaica. Nenhum dos dois era religioso, embora ambos tivessem plena consciência de sua existência *como* judeus – uma posição mais paradoxal do que pode parecer. Kafka e Freud contam sobretudo histórias seculares e secularizadas sobre a exclusão e suas referências e alusões giram em torno da literatura ocidental, por meio da qual buscaram se educar – em relação a tradições alheias à de seus pais e das gerações anteriores. Portanto, eles emularam o que era estranho para eles e para suas próprias tradições. Ambos insistem que ser e se sentir excluído são problemas da humanidade e que ninguém está ou jamais foi excluído da experiência de ser excluído.

E essa sensação de exclusão começa a parecer a chave para algo. André Breton escreveu em um famoso lema surrealista: "Diga-me o que te assombra e eu te direi quem és". Nem Freud nem Kafka dizem "diga-me do que te sentes excluído e eu te direi quem és", mas eles dizem que se sentir por fora é parte constitutiva de quem acreditamos ser. E até mesmo a suposta identidade pode ser nossa autocura para as experiências de exclusão, sendo as identidades os artefatos que criamos como a solução para a exclusão. Nós nos organizamos em torno dessas experiências de exclusão e estreitamos a mente para conseguir lidar com elas. E a identidade, assim como a exclusão, nos torna violentos.

Hamlet era uma das pedras de toque de Freud: em "Contribuição a um questionário sobre leitura", de 1907, ele se refere à peça como uma "das dez obras mais maravilhosas (da literatura mundial)". Mas diz o mesmo com relação ao Satã de *Paraíso perdido*, que afirmava ser um de seus "livros prediletos". Ambas são obras paradigmáticas sobre personagens excluídos. O crítico Tony Tanner afirmou certa vez que todos os romances falam sobre adultério. Mais fundamentalmente, podemos nos perguntar se existe literatura que não seja sobre a exclusão. E se toda a literatura é sobre exclusão, resta saber o porquê.

Pode-se dizer que o caráter tanto de Hamlet como do Satã de Milton é formado por exclusões. Em outras palavras, o que tomamos por seu caráter é uma reação às exclusões que cada um deles sofre e cria. Obviamente, ambos são figuras impressionantemente eloquentes, imaginativas e sedutoras. Os dois são obcecados pelo pai, pela vingança e pela morte – todas elas questões em que nos vemos incluídos e excluídos simultaneamente. Os solilóquios de Hamlet – que incluem o público e excluem todos os outros personagens da peça – tratam de seu relacionamento consigo mesmo após o assassinato de seu pai e o novo casamento de sua mãe. O que ouvimos neles é o sentimento de exclusão, a solidão de ser excluído e o que esse sentimento torna possível.

O Satã de Milton, como Hamlet, é definido e se define por suas reflexões a respeito das exclusões forçadas que constituem sua difícil situação. Se nosso estado de queda – nossa própria exclusão – nos deixa tocados e impressionados pelo Satã de Milton, somos igualmente levados a reconhecer que uma das coisas mais pungentes e aterrorizantes a seu respeito é sua inveja e, portanto, sua apreciação de tudo aquilo de que foi excluído: sua inveja de Deus; de Cristo, seu filho; dos anjos que não se rebelaram; de Adão e Eva no Éden. Hamlet se torna cético, enquanto Satã abandona o ceticismo. No Canto IV de *Paraíso perdido*, Satã diz para os outros anjos:

> Excluída toda a esperança, vejam, em nosso lugar,
> Nós renegados e exilados, sua nova joia,
> A Humanidade criada e, para ela, este Mundo!
> Portanto, adeus, esperança, e com ela, adeus, medo,
> Adeus, remorso; o Bem está para mim perdido,
> Meu Bem será o Mal.

As exclusões de Satã revelam o que há de pior nele, que ele então descreve como o que há de melhor em si. Ele afirma que foi libertado do medo e não se sente mais intimidado. Mas a repetida ambiguidade da despedida – adeus, esperança; adeus, medo; adeus, remorso – revela uma dúvida: eles podem, ironicamente, passar bem e não ser rescindidos. Poderíamos dizer que Satã está racionalizando sua humilhação e derrota, ou que ele está requalificando sua situação a fim de criar um futuro a partir dela. Reconhecimento da perda e da derrota ou requalificação esperançosa e vivaz. Ser e sentir-se excluído inspira e talvez exija uma requalificação. Precisamos requalificar a experiência para torná-la suportável. Esse tipo de requalificação pode criar artefatos culturais notáveis, como *Hamlet* e *Paraíso perdido*, ou também infligir uma crueldade notável. Satã é vingativo, e o que mais poderia ser? Embora possam ser também muitas outras coisas, os heróis trágicos são sempre vingativos. E sempre se sentem excluídos de algo que consideram ser de suma importância. A provocação por trás de *Paraíso perdido* é a incerteza, consciente ou inconsciente, de Milton sobre Satã ser ou não um herói trágico – sobre Satã ter sofrido ou criado uma tragédia. Mas a preocupação de Milton são os excluídos, os renegados, os exilados: em termos contemporâneos, é a angústia de separação em sua forma mais aguda.

E, obviamente, o próprio estado de queda é a cena primária das culturas judaica e cristã. Nos tornamos quem somos, quem pensamos que somos, por meio da exclusão provocada por nossa recusa em ser excluídos. Adão e Eva são expulsos do Éden porque se recusaram a ter o acesso negado a algo proibido por Deus. Tudo depende de saber do que você se recusa a ser excluído, e do porquê dessa recusa; ou – dado que você já está excluído – tudo depende do que você faz a respeito e a partir de sua exclusão. A questão é como interpretar o próprio estado de queda e exílio, tarefa que ocupa todo o tempo de Hamlet e Satã. A exclusão, como *Hamlet* e *Paraíso perdido* nos mostram, é a via para o autorreconhecimento. Uma identidade é aquilo que nos resta, que nos resta criar, depois de sermos excluídos: é a autocura para a alienação. Desejar, pensar, questionar e imaginar é o que fazemos após a catástrofe da exclusão. O choque nos obriga a encontrar as formas necessárias de autoidentificação. Buscamos nos tornar reconhecíveis para nós mesmos e para os outros, como se o alicerce do que chamamos de identidade fosse a ausência de identidade. Nos moldes do princípio kafkiano – não posso nadar de verdade, pois originalmente eu não sabia nadar –, como originalmente eu não tinha uma identidade, não posso realmente ter uma. "Você sabe quem eu sou?", perguntam os excluídos para quem os exclui e, então, respondem, ou tentam dar uma resposta para quem os exclui e para si mesmos.

O que mais Hamlet e Satã poderiam ou deveriam ter feito diante de seus dilemas? "A história", escreve Hugh Trevor-Roper, "não é apenas o que aconteceu; é o que aconteceu comparado ao que poderia ter acontecido". O desdobramento de qualquer enredo nos incita e convida a considerar outras opções e resultados. Assim, poderíamos pensar que a exclusão nos obriga, como a Satã e Hamlet, a pensar sobre a natureza e a origem da escolha, levando em conta as escolhas disponíveis. A coerção – ficar sem escolha ao ser expulso – recoloca no debate a questão da escolha e da agência humana.

"Se toda ação do homem maduro, seja ela boa, seja ela má, fosse alvo de piedade, prescrição e compulsão, a virtude não passaria de um nome bonito [...] quando Deus deu [a Adão] a razão, deu-lhe liberdade para escolher, pois ter razão é escolher", escreve Milton na *Areopagítica*, defendendo a razão como a fonte de nossa liberdade. Tanto *Hamlet* como *Paraíso perdido* se preocupam com o tema do livre-arbítrio e a dúvida sobre quais aspectos de nós devem ser censurados. Hamlet, naturalmente, é caracterizado por sua incerteza, por seu ceticismo, por sua dúvida, por suas questões em relação ao livre-arbítrio. Se a questão é "ser ou não ser", tudo é posto em dúvida. Satã, pelo contrário, cultiva a convicção e a certeza dogmática graças a sua crença determinada e flagrante em seu próprio livre-arbítrio: mas de que outra forma ele poderia responder a um adversário aparentemente onipotente? Afinal de contas, a onipotência e a onisciência só são operantes porque as pessoas duvidam de si: são, por definição, aquilo de que todos estão excluídos, exceto Deus (ou seu substituto secular, o tirano ou o ditador fascista). O poder do monoteísmo reside no fato de ser excludente: ele explora o terror que todos têm de serem excluídos. Seu único poder real é o de intimidar.

Assim como nossa vergonha nos mantém numa relação íntima com quem nos envergonha, a exclusão costuma nos manter em contato com quem nos exclui. O que podemos fazer além de ficarmos – como Hamlet e Satã – obcecados por recuperar o que foi tirado de nós ou por destruir o que não podemos reconquistar? O que podemos fazer além de sucumbir à tentação de acertar as contas, ao poder de atração e sedução do triunfalismo, ou de decidir fechar a cabeça e organizar nossa vida em torno do sentimento de exclusão e perda? É como indagar, de maneira absurda, como seria nossa vida se fôssemos criaturas diferentes. *Hamlet* e *Paraíso perdido* inevitavelmente nos levam a perguntar: qual é o problema que a vingança aparenta resolver? A psicanálise diria que a vingança é uma solução falsa para o problema de nossa fundamental e fundadora falta de autossuficiência, para nossa eterna dependência. Um tipo de senso comum diria que a vingança é a solução para a injustiça. Porque tivemos pais, porque somos (nas palavras do filósofo Alasdair MacIntyre) "animais racionais dependentes", porque fomos excluídos de nossa própria invenção, devemos inventar a nós mesmos. No rescaldo de suas catástrofes, assistimos enquanto Hamlet e Satã descobrem quem podem ser agora e quem podem ser a seguir. Depois de acontecer uma exclusão, uma perda catastrófica, a história pode começar. Só começamos a vida depois de ser excluídos. Hamlet tem dificuldade em se afirmar; Satã se reinventa de forma arrogante e descarada. Cada um está buscando uma solução diferente para o mesmo problema.

Embora *Hamlet* comece como um catálogo de exclusões – o assassinato do pai de Hamlet, o casamento de sua mãe, o desejo que Laerte e Hamlet têm de sair da Dinamarca e assim por diante –, é significativo que as primeiras palavras do príncipe na peça sejam uma reação a como o novo rei se sente rejeitado, excluído, por Hamlet. Depois de aceitar o pedido de Laerte para se ausentar da Dinamarca, o rei diz: "Agora é a vez de meu sobrinho Hamlet, meu sobrinho e filho…". Ao que Hamlet responde em um aparte, do qual deixa de fora todos menos o público: "Um pouco mais que parente e menos que família". Trata-se de um ato de desfiliação, em que ele se dispensa da nova corte e da demanda do rei. O rei quer incluir Hamlet como seu filho, mas o filho já tem pai, um pai que foi assassinado pelo rei. Para Hamlet, aceitar o pedido do rei seria trair a si mesmo. Eis a questão: quem é Hamlet – quem ele vai se tornar – após esses eventos tumultuosos? Um pouco mais que parente e menos que família para si mesmo?

Quando o rei e a rainha partem, Hamlet começa seu primeiro solilóquio com um ato de desaparecimento, o desejo de se tornar ninguém, de ser o nada decorrente de não ser tudo:

> Ah, se a solidez total desta carne se dissolvesse,
> Escorresse e evaporasse em orvalho,
> Ou se o Todo Poderoso não tivesse gravado
> Seu decreto contra o suicídio. Ó Deus! Ó Deus!

Assim, a peça começa com Hamlet nos dizendo não apenas que não sabe mais quem é, mas que não quer ser ninguém. Após a terrível exclusão de seu pai, Hamlet quer se retirar da cena. Ele quer, paradoxalmente, fazer consigo o que foi feito com seu pai, tanto para vingar sua morte como para se identificar com ela. Hamlet tenta reconhecer o que aconteceu com ele, tenta suportar o aparentemente insuportável. Quando Horácio o cumprimenta pela primeira vez, Hamlet responde: "Que alegria te ver bem./ Você é Horácio – ou já nem sei quem sou". Numa peça que trata de reconhecimento – sobre ver as pessoas bem –, Hamlet está dividido entre esquecer de si e lutar por certos reconhecimentos, entre saber o que e quem está vendo e não querer saber.

Rapidamente, porém, o encontro de Hamlet com o fantasma paterno o organiza. Ele recebe sua característica definidora – é o filho que precisa descobrir a melhor forma de se lembrar do pai. Mas esse é um tipo de identidade equivocado, que o mergulha em um recém-descoberto ceticismo sobre a própria noção de identidade. Como seus adiamentos subsequentes revelam, Hamlet tem ao menos duas opiniões sobre a maioria das coisas. Quando o fantasma parte, dizendo "Lembre-se de mim" – ou seja, encontre uma vingança apropriada para esse crime terrível –, Hamlet responde:

> Sim, vou apagar da lousa da minha memória
> Todos os pueris registros de afeição,

Todas as notas, formas, impressões passadas,
Que a juventude e a observação selecionaram,
Teus mandamentos sobreviverão
Nos livros e capítulos de meu cérebro,
Sem tocar as questões mesquinhas.

Essa poderia ser a descrição de como alguém adquire uma suposta identidade mediante um violento e vingativo estreitamento mental. Todos os outros aspectos dele serão varridos a serviço do mandamento do pai. Ele, efetivamente, levará a cabo contra si o assassinato de seu próprio caráter. Ao tentar se comprometer com a ordem do pai, ele quer assassinar a si próprio. Sua identidade é cristalizada pela exigência do pai. Se a pergunta for: "O que deve ser feito?", a resposta é: faça o que seu pai mandar. Hamlet diz que, de agora em diante, seu mundo será resumido a honrar e vingar seu pai: toda a sua experiência e todo o seu desenvolvimento, "que a juventude e a observação selecionaram", serão nulos e sem efeito. Ele se tornará o imperador de uma ideia só.

Agora Hamlet sabe para que serve sua vida e o que deveria estar fazendo consigo mesmo. Para ele, se vale a pena viver, vale a pena viver apenas por uma coisa. E tudo isso foi inspirado por uma ruptura, uma exclusão irremediável. No entanto, o que vemos Hamlet fazer na peça é oscilar entre o reconhecimento da complexidade de sua mente e o ataque a essa complexidade em momentos de determinação e decisão. Como o Satã de Milton, Hamlet precisou ser usurpado para se tornar o personagem vívido que reconhecemos e do qual nos lembramos. O que chamamos de identidade pode ser a autocura cultural para uma usurpação: só começamos a nos reconhecer como alguém depois de sermos deslocados, substituídos ou rejeitados. Isto é, depois de sermos traídos. E a traição nos faz refletir sobre quem somos, para ter sido possível sofrermos uma coisa dessas. Kafka pode mais uma vez nos ajudar: como originalmente não fui traído, não posso ter sido realmente traído. Então, em que me transformei para que a traição fosse possível?

Ao contrário do Satã de Milton, que desvia do autoquestionamento com bravatas, Hamlet ao mesmo tempo sabe e não sabe o que deveria estar fazendo, sabe e não sabe quem é e quer ser. Assim, com esses dois exemplos, vemos um indivíduo que se constitui através da rebeldia e outro através do compromisso hesitante e da dúvida em relação a si próprio. Mas ambos são versões do indivíduo constituído fundamentalmente pela vingança – um indivíduo vingativo nascido do descarte. Ambas as figuras são especialmente articuladas: o fato de terem sido excluídas, ao que parece, inspirou e estimulou sua linguagem e seu desejo de falar. Depois de *Hamlet* e *Paraíso perdido*, a identidade passa a parecer nossa melhor e nossa pior resposta aos tipos certos e errados de exclusão. Quando somos excluídos, nos tornamos quem somos e quem podemos ser.

Sobre não acreditar em nada

Toda descoberta de um objeto é, na verdade, a redescoberta desse objeto.
SIGMUND FREUD, *Três ensaios sobre a teoria da sexualidade*

I

Quero fazer um retrato breve e impressionista da história da cultura, por meio de dois grandes romances da (e sobre a) época de Freud – *O homem sem qualidades*, de Robert Musil, e *Doutor Fausto*, de Thomas Mann – como um prelúdio para dizer algo sobre Freud, sua possível importância e como seu trabalho pode nos ajudar a descobrir o que realmente importa para nós hoje. Em especial, quero discutir um pouco a maneira e o motivo pelos quais o trabalho de Freud aborda o tema da crença, daquilo em que acreditamos – se é que podemos acreditar em alguma coisa hoje; e, acima de tudo, sobre a possibilidade de ainda nutrir algum tipo de crença após a catastrófica desilusão cultural da Primeira e da Segunda Guerra Mundial e de suas consequências, sob as quais, claramente, ainda vivemos.

Após o terror cumulativo das duas guerras, havia um medo generalizado de que havíamos sido obrigados a abrir mão de nossa capacidade de acreditar na natureza humana e, portanto, a abrir mão da própria crença. Assim como Freud, entendemos a crença como um fenômeno ligado à curiosidade, e ao medo da curiosidade; a palavra "curiosidade" vem do latim *"cura"*, que quer dizer cuidado, e segundo a definição traduzida do dicionário Oxford, "zelo, escrúpulo, precisão, [...] engenho, [...] sutileza [...]. O desejo de conhecer ou aprender; interesse; interesse por trivialidades, pela vida alheia, interesse científico ou artístico". Cada uma dessas definições é sem dúvida pertinente para a psicanálise (deve-se destacar que a palavra "curiosidade" é usada noventa vezes na tradução inglesa das obras de Freud e a palavra "curioso" é usada outras oitenta e cinco vezes). Naturalmente, a curiosidade é uma das características definidoras da infância, que é quando têm início todas as investigações de Freud. Que a história de um termo seja parte integrante de seu uso corrente é algo que sempre chamou a atenção de Musil, Mann e Freud. Sendo eles homens de sua época e de seu lugar, a filologia – e talvez Nietzsche como filólogo – assombrava suas obras.

Gostaria de fazer um relato breve e simplista do que deve ser uma das muitas pré-condições culturais para a obra de Freud e para as ambições da psicanálise; e do que a psicanálise poderia ter sido inventada para abordar – ao que, afinal, a psicanálise respondia e em que intervinha, tanto na vida individual de seus contemporâneos como, mais amplamente, na cultura. A psicanálise trata de como e por que valorizamos pessoas e coisas. E de como descobrimos o que valorizamos a partir de nossas próprias histórias. De fato, podemos pensar nas crenças como à espera de serem encontradas por nós na cultura em meio à qual crescemos.

Quero dizer, essa breve história do diálogo cultural de que Freud participava será traçada por meio de dois grandes romances da época (ou seja, basicamente da virada do século ao fim da Segunda Guerra Mundial), que também são, é claro, grandes romances que giram em torno e se debruçam sobre os ambientes onde Freud trabalhou e a psicanálise se desenvolveu. *O homem sem qualidades*, de Robert Musil, foi redigido entre 1921 e 1942 e se passa em uma versão de Viena no período que antecedeu a Primeira Guerra Mundial e durante o Império Austro-Húngaro (ele acaba às vésperas da Grande Guerra, conhecida dos leitores, mas desconhecida dos personagens); e *Doutor Fausto*, de Thomas Mann, publicado em 1947 e ambientado na Alemanha pouco antes da Segunda Guerra Mundial, abarcando o período da guerra até o desfecho dela, quando a Alemanha sai derrotada e arruinada. Ou seja, os dois livros tratam, no mínimo, de um fim, de encerramentos virtualmente apocalípticos; e os dois livros se encerram com um desespero explícito e profundo. Desespero porque os sobreviventes dessas devastações não sabem no que mais ainda podem acreditar.

Para os fins deste ensaio, tratarei *Doutor Fausto* como uma espécie de continuação, sequência, ou mesmo desfecho para *O homem sem qualidades*; os dois livros tratam dessa desilusão cultural catastrófica, que pretendo apresentar como o contexto essencial e a pré-condição para a invenção da psicanálise; os dois livros foram escritos com o conhecimento de que apenas os leitores tem ciência do cataclisma que aconteceria em seguida e de que sua leitura é marejada por esse conhecimento (assim como na psicanálise, Musil e Mann sugerem que o passado informa o futuro, mas não o determina nem o vaticina; estamos diante de histórias organizadas ao redor da degeneração e da morte de culturas, bem como do luto e da recusa ensejados pela ruína de ideais culturais estimados e reverenciados).

O que nós, leitores, sabemos é devastador; é devastador porque, entre tantas outras coisas, a amplitude e a profundidade da crueldade, da devassidão e da capacidade destrutiva das pessoas são inequívoca e irremediavelmente expostas pelas duas guerras mundiais. Portanto, em vista desses eventos catastróficos, só nos resta perguntar: em que ainda, ou melhor, será que ainda podemos acreditar na natureza humana?; e, afinal, em que podemos acreditar e confiar agora, se isso ainda for possível? Para responder a essa questão, precisamos nos lembrar, como uma espécie de efeito colateral, da pergunta feita pelo filósofo Wittgenstein, contemporâneo de Freud, "Seria a crença uma experiência?", e imaginar em que tipo de experiência a crença se transformou, após tamanha devastação. Sem dúvida, não é apenas a crença religiosa que esteve e está sob ameaça, mas o próprio ato de crer – sendo a pergunta: o que fazemos ao acreditar ou se fiar em algo ou alguém? E depois de testemunharmos a catástrofe de não ter nada em que acreditar, no romance de Musil; e a catástrofe de acreditar muito e pouco demais, no de Mann, nossa capacidade de crer é colocada em questão (aquilo que William James chamaria, em um título memorável, de vontade de crer).

Não devemos nos esquecer de que o psicanalista sempre pergunta, de forma paradoxal e implícita, por que o paciente acredita no que o analista está dizendo, caso acredite; e quais são as pré-condições para o paciente acreditar nas palavras de outras pessoas – lembrando que as primeiras palavras de autoridade são as palavras dos pais. Nenhum outro tipo de médico inclui como parte do tratamento a confiança que o paciente deposita no clínico e o histórico da relação do paciente com a oferta de ajuda, que claramente representa uma espécie de relação fundadora. O psicanalista, segundo a célebre formulação de Lacan, é simplesmente encarado como aquele que supostamente sabe. Portanto, a psicanálise nos convida a indagar: se a questão deixou de ser se eu acredito nisso ou naquilo, mas *por que* acredito, quais outras questões podem surgir? (O filósofo J. L. Austin escreve no artigo "Other Minds" [Outras mentes]: "Parece que nunca perguntamos: 'Por que você sabe?', ou 'Como você acredita?'"). Como seria, que aparência teria uma vida sem crenças – sem a possibilidade ou a oportunidade da crença? Que tipo de problema é colocado, para usar as palavras de James, pela vontade de crer?

O homem sem qualidades, de acordo com o útil resumo oferecido pelo romancista Jonathan Lethem – que especula que "Freud, contemporâneo de Musil em Viena, talvez tenha servido de estopim" para o romance –

> trata dos esforços dos escalões aristocrata-burgueses de Viena [...] para planejar uma comemoração de aniversário do Império Austro-Húngaro à altura das celebrações rivais que a Prússia programava para o ano seguinte. O anseio por um senso elevado de propósito para um império caduco e misturado para o qual isso seria impossível [...]. Esse ambiente satírico – conhecido como campanha paralela – está sob a espada de Dâmocles; os horrores da Primeira Guerra Mundial em breve demoliriam todas as pretensões e banalidades.

Esse grupo absurdo procura e encontra o que o romance chama de "uma ideia unificadora", um propósito superior, algo em que todos podem acreditar e promover com sinceridade, e isso os unirá; Musil escreve:

> estava em jogo nada menos que a necessidade de recuperar a unidade humana que se perdera diante da enorme disparidade de interesses que havia surgido na sociedade. Urge perguntar neste momento se as pessoas de hoje ainda são capazes dessas grandes ideias unificadoras. Todas as sugestões feitas até agora [pelo comitê] foram esplêndidas, é claro, mas divergiam de tal maneira que já mostravam que nenhuma delas teria poder unificador.

Ao que parece, quanto mais pessoas se envolviam na vida política (mas sem soberanos óbvios), menos a unidade era possível; então, havia o enigma muito real do consenso nas sociedades massificadas – sendo as soluções políticas daquela época, como bem sabemos, o fascismo, o comunismo e a democracia. "Será que temos hoje qualquer coisa que possamos considerar verdadeiramente importante e grande, algo que mereça nossa dedicação integral?", pergunta Diotima, uma das protagonistas do romance, ao que seu colega e "amigo" Arnheim responde, "Essa é a marca de um tempo que perdeu a convicção interior existente em tempos mais saudáveis [...]. É difícil alguma coisa se cristalizar como a maior e mais importante de todas". Aqui, a nostalgia e a idealização de um passado mais unificado são patentes e implicitamente ironizadas (a ideia da cristalização das maiores e mais importantes coisas sugere que esse não passa de um processo natural e orgânico, algo que simplesmente acontece; e, obviamente, sugere que existe, afinal, alguma coisa que seria a maior e mais importante de todas). Dizem de Ulrich, o anti-herói e personagem central do romance: "Ele sem dúvida era uma pessoa crédula, exceto que não acreditava em nada".

Essa se torna uma caracterização emblemática de muitas pessoas no romance e a formulação de uma crise cultural; a religião, o Estado, a monarquia, a aristocracia, a lei, a justiça, a arte, o sexo, o amor, a ciência – todos se mostraram insuficientes. Gerações de pessoas crédulas – pessoas cujas vidas eram indistinguíveis de suas crenças – simplesmente não acreditam mais em nada. O nome do livro deixa implícito que pessoas que não acreditam em nada são pessoas sem qualidades. Afinal, como você pode ter uma qualidade se não tem ideia do que há de maior e mais importante? Seja estritamente verdadeiro ou não – ainda que apenas em Viena – que indivíduos originalmente crédulos passaram a não crer em mais nada, Musil nos convida a imaginar essa possibilidade: um indivíduo, uma cultura sem crença, ou que sofre de um ceticismo terminal; como se acreditar, acreditar em qualquer coisa, fosse como um encanto que podia ser quebrado. E, para mim, o *Doutor Fausto* de Thomas Mann parte desse ponto.

Na história original, datada do século XVI, Fausto vende sua alma ao Diabo em troca de prazer e conhecimento; e é possível supor que algumas pessoas contemplassem mesmo essa ideia, se os valores e prazeres prevalentes em sua cultura não fossem mais capazes de sustentá-las. E, sob a mesma ótica, Adrian Leverkühn, o compositor que é herói do romance de Thomas Mann, acredita que "a arte se tornou impossível sem a ajuda do Diabo e do fogo infernal". Pois, uma vez que o bem, ou a bondade, não é mais fonte de inspiração, é preciso buscar inspiração em outro lugar; dizendo, portanto, como o Satã de Milton no *Paraíso perdido*, "meu Bem será o Mal". Presume-se que as pessoas precisam de algo – de uma ideia ou crença organizadora – que, se não pode ser bom, deve ser ruim; o essencial é que seja alguma coisa.

A história de vida de Leverkühn, conforme é narrada por seu amigo, o acadêmico Serenus Zeitblom, é explicitamente comparada à ascensão e posterior queda do nazismo na Alemanha, sobre o qual Zeitblom comenta: "o fenômeno empírico da guerra [...] se apropria de nossos verdadeiros anseios, de nossa sede por unificação". Vale a pena mencionar a insistência de Hitler, desde os anos 1920, na ideia de que o partido nazista precisava acima de tudo de uma "ideologia coerente", depois do que considerava ter sido o caos e a desastrosa derrota da Primeira Guerra Mundial e da República de Weimar, no rescaldo do humilhante Tratado de Versalhes. Também vale a pena acrescentar que Freud, muito admirado por Mann e Musil, descreveria o humano moderno como alguém que está, por definição, em conflito consigo e com os demais, não unificável e fundamentalmente incoerente – em um incansável conflito interno entre partes rivais de si mesmo e com outras pessoas igualmente cindidas; e, portanto, sempre tentado por formas de soberania, domínio e unidade, pela fantasia do eu como senhor do que supunha ser sua própria casa. Sempre seduzido pelo que o psicanalista Christopher Bollas chama de "estado de espírito fascista", o fechamento militante da cabeça, que ocorre em resposta ao medo da complexidade da mente; do modo como, nas palavras de Musil, as crenças do indivíduo agora "divergiam de tal maneira" que a ação política coletiva parecia impossível. Como se estivéssemos descobrindo a incomensurável complexidade e diversidade da mente humana.

Freud nos mostrou o risco a que somos expostos pelo simples fato de ter mentes tão inconscientemente prolíficas, díspares e conflituosas. Portanto, sem saber quais são as coisas maiores e mais importantes, sem ideias unificadoras, sem ideologias infalivelmente coerentes, o que nos resta fazer? O que é que as pessoas terão em comum, por assim dizer, ou o que desejarão ter em comum? E quando, parafraseando Kafka, temos tão pouco em comum com nós mesmos? A razão de termos tão pouco em comum com nós mesmos, e de não querermos ter muito em comum com nós mesmos, era precisamente o que Freud buscava formular em sua obra psicanalítica. Que tipos de sociabilidade, de relacionamentos seriam possíveis, tanto com os outros como conosco, em vista desse desespero em relação a nossa sociabilidade? Onde deve começar nossa curiosidade sobre nós mesmos?

Conforme diz um personagem de *Doutor Fausto*, "existe a perda da confiança existencial direta, que em tempos passados era o resultado de ser arremessado em uma ordem unificadora preexistente – ou seja, arranjos impregnados de sacralidade [...] uma posição vulnerável para as forças demoníacas". A perda do senso de sacralidade abre as comportas para alguma coisa, no mínimo, desconhecida; e, no pior dos casos, absolutamente aterrorizante. Por isso, a desilusão de Leverkühn com o bem tradicional se transforma em sua inspiração demoníaca; sua desilusão absoluta e absolutista com o cristianismo (ele desiste de estudar teologia), com a arte (ele nutre uma aguda e sarcástica ambivalência em relação à cultura artística alemã e suas tradições), com a ideia de genialidade (que ele ironiza constantemente), com a política (pela qual não parece se interessar e sobre a qual nunca comenta, apesar da barbaridade do regime político em meio ao qual vive), com o amor e o sexo (ele é descrito como alguém essencialmente isolado, incapaz de amar e de ser amigável e afetuoso; e a única vez que faz sexo no romance é com uma prostituta de quem pega sífilis, um ato representado como uma espécie de corrupção demoníaca).

"Por que quase tudo parece ser, para mim, uma paródia de si mesmo? Por que tenho a impressão de que quase todos, ou melhor, todos os meios e artifícios da arte de hoje só se prestam à paródia?", pergunta Leverkühn. Ele insiste na palavra "tudo". Tudo é motivo de escárnio, porque tudo já foi visto, nada tem lastro, nada é inequivocamente grande ou importante. Não há nada digno de ser levado a sério ou protegido. Zeitblom relata que "uma atitude geral de ironia intelectual em relação à arte [...] surgia com muita frequência, como um estranho golpe de gênio na obra tardia de Leverkühn". Cinismo, ironia e paródia – e um certo senso interno de superioridade – são os refúgios modernos de Leverkühn, as únicas autocuras possíveis contra um desespero endêmico pessoal e cultural; um pânico e desespero que é a perda de confiança fundadora da natureza humana moderna e de suas supostas conquistas.

Freud, em termos bem simples, trabalhou e passou a vida adulta no mundo descrito em *O homem sem qualidades*. Ele deixou Viena e acabou morrendo em Londres, fugindo dos nazistas às vésperas da Segunda Guerra Mundial. Isto é, embora austríaca, a história contada no *Doutor Fausto* também se sobrepõe significativamente à história de Freud e a sua adoção apaixonada da cultura alemã. A vida profissional de Freud, os anos em que ele finalmente elaborou e escreveu sobre o que veio a ser a psicanálise, são os anos abordados nesses grandes livros. E vale lembrar, além das desilusões que estão no cerne dessas obras, que Freud e os judeus de sua geração, como sabemos, atravessaram um tipo anterior e diferente de desilusão radical com a cultura liberal e com as possibilidades de assimilação. Como Matt Ffytche escreve em seu recente livro sobre Freud, "um fator que afetou a mudança de Freud da vida acadêmica para a prática médica [aos vinte anos]" foi

> a mudança da atmosfera política de Viena, que no fim dos anos 1870 se virou contra os liberais e os judeus, simultaneamente. Ainda que o ministério liberal de 1867 pudesse parecer, para o jovem Freud,

uma espécie de triunfo da voz eterna da razão e do progresso, durante seus anos de estudante, o mapa econômico e político da Europa estava sendo redesenhado e as consequências seriam catastróficas para os judeus germanizados e para o regime liberal de que dependia sua aposta de assimilação.

Desilusões de vários tipos estavam na ordem do dia; a derrota dos ideais e o antagonismo que era consequência do que muitas pessoas chamavam, na época, de "colapso cultural", constituíam o clima cultural do momento. É claro que a psicanálise partiria da posição de que o desenvolvimento psicobiológico humano é um processo de desilusão cumulativa; que somos criaturas essencialmente antagônicas e em conflito – tanto intrapsíquica como interpsiquicamente – e o próprio antagonismo era uma das muitas outras coisas a que a psicanálise daria um enquadramento radicalmente diferente. Que, do ponto de vista psicanalítico, as distinções tradicionais começam a se atenuar e a se confundir; não existem eles e nós, sãos e loucos, bons e maus, primitivos e sofisticados, realidade e fantasia; ou não existem eles e nós agora, porque somos descritos, por Freud, como indivíduos que projetam nos outros as partes inaceitáveis e inadmissíveis que abundam em si próprios. Que aquilo que realmente enfrentamos é o que há de inaceitável e inadmissível em nós mesmos. O que chamamos de "mal" – a destrutividade, a vulnerabilidade e o desespero que testemunhamos e experimentamos nas outras pessoas – não está simples e exclusivamente no inimigo, está também em nós (em graus variados).

Não foi apenas por meio da descrição da sexualidade infantil que Freud descreveu a morte da inocência. Como ele observa em seu último livro, *Compêndio de psicanálise*, "reconhecemos que não é cientificamente factível distinguir entre o que é psiquicamente normal e psiquicamente anormal, de modo que essa distinção – apesar de sua importância prática – possui tão somente um valor de convenção. Estabelecemos, portanto, o direito de compreender a vida normal da psique a partir de suas perturbações". As convenções e os valores atrelados a elas serão as primeiras vítimas da psicanálise. A psicanálise nos dirá que não podemos mais buscar o consolo convencional oferecido pela crença de que estamos livres daquilo que nos causa repulsa ou pavor. Ela nos dirá que somos cúmplices do que nos desenreda. O inimigo é sempre parte de nós e nunca é inequívoca e simplesmente apenas o inimigo.

Freud, em outras palavras – assim como Musil e Mann, mas amparado por outro tipo de linguagem –, descreve uma perda de confiança em nosso conhecimento do bem, do bem como algo que podemos reconhecer e a que podemos aspirar em nossas vidas, qualquer que seja nossa versão de seu significado (após a psicanálise, as distinções entre bem e mal se tornam menos óbvias, menos palpáveis; bem quando a ideia nietzschiana de que existe algo para "além do bem e do mal" começava a se tornar verdade). Ou seja, a perda da confiança nos ideais culturais e, portanto, na própria natureza humana (ou, em termos freudianos, a desconfiança em relação ao supereu e ao ideal de eu, a desconfiança em relação a sua origem e seu potencial para a crueldade). Isso ficou conhecido nas disciplinas modernas da antropologia e da sociologia como destradicionalização das sociedades modernas, e na psicanálise como o mal-estar na civilização. Não podemos concordar sobre o que é bom (ou mesmo sobre o que é valioso) nem aspirar diretamente ou proteger esse bem. Era isso que Musil, Mann e muitos outros registravam e representavam nos escritos da época. O risco era que o bom e o valioso passassem de algo a ser discutido para algo cuja própria existência era posta em questão.

Claramente, uma implicação era que só pode haver uma ideia do bem se houver algum tipo de consenso sobre o que é o bem – e algum tipo de consenso sobre o que é o consenso – e algum tipo de consenso sobre quais são os maiores e mais importantes ideais culturais. É aqui, em parte, que entram Freud e a psicanálise; é aqui que a psicanálise se junta ao que estava se tornando – e, em grande parte, ainda é – um diálogo cultural difícil e controverso. E isso representa o reenquadramento freudiano radical das origens e funções de nossos ideais culturais e de nossa sede de autoridade; e seu novo enquadramento da fonte e do propósito de nossa crueldade e de nossa destrutividade; e também de nossa sexualidade. E, ao menos no início, da afirmação de que o mais importante é nossa sexualidade, concordemos ou não (gostemos ou não); e dada nossa resistência à sexualidade, sugere Freud, é muito pouco provável que concordemos sobre a importância da sexualidade, ou mesmo sobre a natureza da sexualidade (uma de suas afirmações mais escandalosas e mais perturbadoras – uma afirmação que perturba radicalmente nossos pressupostos sobre a moralidade – é a de que temos tanta chance de conseguir resistir a nosso prazer como de conseguir resistir a nosso sofrimento; em parte porque nosso prazer é proibido, em parte porque nos lembra de nosso potencial para a dependência e em parte porque ameaça ser avassalador; sua outra afirmação escandalosa foi que não sabemos o que é a sexualidade).

Como a sexualidade é a coisa importante para Freud – a coisa importante que, paradoxalmente, nos divide contra nós mesmos –, a resistência, parte do que ele chama de defesas, acaba por se tornar outra coisa importante. Então, a ideia do inconsciente subjaz e informa sua descrição de certa forma revolucionária do que uma pessoa é. De fato, Freud propôs – embora nunca tenha afirmado diretamente – que, nos termos de Musil, a coisa maior e mais importante é o inconsciente, que não há nada maior nem mais importante do que o fato de que somos basicamente inconscientes de nós mesmos; que a única questão, nas palavras do filósofo francês Michel Serres, é: "O que é que você não quer saber sobre si?". Freud nos faz questionar como seria viver em uma sociedade que acredita no inconsciente. O que significaria, afinal, acreditar no inconsciente? Que, naturalmente, não é como acreditar em Deus, no amor, ou na justiça. Seria acreditar que, em larga medida, não temos consciência de quem somos, e que na maior parte das vezes queremos preservar esse cenário porque somos perturbados demais pela experiência de ser quem somos. Acreditar no inconsciente certamente implicaria uma forma nova e diferente de acreditar.

Que tipo de crença é essa – ou como isso mudaria nossa maneira de crer? Em parte, essa é a crença de que ficamos assombrados, aterrorizados por quem somos ou pensamos ser. E também que subestimamos radicalmente, que formamos uma imagem radicalmente pobre de nossos prazeres. Pode-se dizer que isso está inteiramente de acordo com as visões de Musil e Mann. "Conheça-te a ti mesmo" significa, em última análise – para Musil e Mann e, até certo ponto, para Freud –, conhecer a dimensão do medo que você sente de conhecer a si mesmo, saber que conhecer a si mesmo envolve ser lançado em uma espécie de desespero ou terror (resta saber se o problema somos nós mesmos ou o ato de conhecer).

Assim, quero sugerir que foi por meio da psicanálise que Freud passou a questionar o valor, o propósito e os limites do chamado autoconhecimento e, portanto, da curiosidade; temas obviamente fundamentais para a obra de Musil e Mann. Que ele fazia inconscientemente, por assim dizer, a pergunta pragmática, a pergunta reenquadrada de maneira tão conveniente por William James e Richard Rorty: em que sentido o autoconhecimento nos dá a vida que queremos agora? Em que sentido o projeto tradicional e convencional de conhecermos a nós mesmos é uma boa maneira de passar nosso tempo? O que o autoconhecimento pode fazer por nós? E, para fazer a pergunta psicanalítica, o autoconhecimento pode ser uma defesa contra o quê? Talvez estejamos usando até mesmo a própria psicanálise para resistir a alguma coisa a nosso respeito – que coisa seria essa? Ou seja, Freud, que nos mostra que somos sempre ambivalentes em relação a tudo o que valorizamos – sabemos que valorizamos alguma coisa quando a amamos e odiamos –, nos faz questionar, por meio da psicanálise, nossa ambivalência diante do venerável projeto de conhecermos a nós mesmos (também nos faz questionar nossa ambivalência em relação à psicanálise; a psicanálise nunca pode se isentar nem se imunizar contra as próprias questões).

Por meio da psicanálise, Freud descobriu as resistências ao autoconhecimento, mas também os limites e limitações do autoconhecimento, onde o autoconhecimento não funcionava, onde não fazia diferença. A psicanálise mostraria a ele, entre muitas outras coisas, onde o autoconhecimento não era o ponto principal, ou não era um ponto relevante, ou era em si uma defesa. Mostraria depois em que podemos acreditar quando e onde nossa crença no autoconhecimento colapsa ou tem de ser revista. Mais do que nos mostrar o que o autoconhecimento pode agora ensejar – como, nas palavras do crítico R. P. Blackmur, isso "amplia o estoque de realidade disponível" –, Freud nos mostrou o que o autoconhecimento não pode fazer por nós e quais podem ser os limites do autoconhecimento. O que acreditamos ser uma função de nosso autoconhecimento, daquilo que acreditamos ser. Mais do que insinuada por Freud, a questão é: quão complexos podemos nos permitir ser? E assim: em que, então, podemos acreditar, à luz de nossa reconhecida complexidade?

II

*Existe um ponto em que as grandes
sociedades simplesmente se tornam
complexas demais para operar.*
GEORGE MONBIOT, *Fora dos escombros*

*Que homens estranhos caminhavam sobre
a terra, após este meio século de guerras.*
SEBASTIAN BARRY, *O cavalheiro temporário*

É claro que acreditar que não há nada em que acreditar é uma atitude tão onisciente, a seu modo, quanto saber em que e como acreditar. A tentação da onisciência é tão atraente quanto a tentação do ceticismo. Ferenczi sugeriu que o paciente não é curado pela livre associação, mas quando consegue associar livremente; Lacan sugeriu que o analista começasse a explicar quando se assustasse com a própria curiosidade. Ambos, para citar dois dos maiores seguidores de Freud, se referem aqui aos recursos do analista à onisciência, à ideia de que ele sabe mais do que jamais poderia saber; e a seu investimento em ser aquele que sabe, em oposição àquele que supostamente sabe. Como se, ao menos nesses dois exemplos, o conhecimento fosse uma autocura para algum tipo de angústia (pode-se dizer que é a angústia sobre o desejo de não saber). Quando o paciente consegue associar livremente, ele tem, por assim dizer, acesso a um inconsciente insondável que está apenas até certo ponto sujeito a interpretação ou explicação. A interpretação e a explicação são, na melhor das hipóteses, parte da função de contenção do analista e, na pior das hipóteses, um ataque preventivo contra o inconsciente em toda a sua prolífica e inescrutável ociosidade, o inconsciente como o que Deleuze e Guattari famosamente chamaram de "máquina desejante".

É a imagem de algo interrompido, reenquadrado ou formulado em oposição a algo que flui, divaga e prolifera. É obviamente fácil, com esse tipo de imagem em ação, idealizar o fluido em detrimento do fixo, o aberto em detrimento do fechado, o móvel em detrimento do monumental, naquela versão um tanto desgastada de um Romantismo contraposto a um Iluminismo nitidamente simplificado. E, ainda que faça algum sentido falar em um Freud romântico e um Freud iluminista, é sempre bom destacar onde Freud, em seus escritos, quer parar – interromper alguma coisa – e onde Freud não é capaz ou não está disposto a parar. Especialmente, como, para Freud, o projeto da psicanálise tratava da possibilidade da curiosidade ilimitada ("em sua busca pela verdade, Freud diz:

'Seja lá o que for, preciso ir até lá', pois em algum lugar esse inconsciente se revela", escreve Lacan no Seminário XI).

Um dos modos familiares como isso aparece na obra de Freud é seu ceticismo intermitente e mal elaborado em relação à ciência empírica. "Consideramos necessário manter distância das considerações biológicas durante o trabalho psicanalítico, evitando utilizá-las para fins heurísticos, de modo que não sejamos desviados do julgamento imparcial dos fatos psicanalíticos diante de nós", escreveu em 1913, deixando implícito que os fatos psicanalíticos são diferentes dos fatos empíricos da biologia. A biologia pode nos ajudar a explicar – por meio de seu compromisso com o empirismo da causalidade –, mas também pode, por meio de seu compromisso com a realidade empírica, impedir o delírio da livre associação. Freud escreveu em 1916 que a psicanálise "deve se afastar de quaisquer hipóteses alheias, sejam de caráter anatômico, químico ou fisiológico".

Se isentamos a psicanálise de considerações biológicas e hipóteses anatômicas, químicas ou fisiológicas alheias, quais seriam, então, os critérios relevantes ou pertinentes para a psicanálise, que tipo de hipótese não é alheia à psicanálise? Sem dúvida, isso não estabelece a psicanálise claramente como uma ciência nem a inclui no rol das ciências reconhecidas e tradicionais; mesmo com a insistência freudiana de que a psicanálise deveria ser uma ciência e não poderia ser outra coisa. Para Freud, em outras palavras, a questão sempre foi quem ele gostaria de ver julgar a psicanálise.

Em suas famosas palavras, em *Um estudo autobiográfico*, "Seja naquela época, seja nos últimos anos, nunca senti muita predileção pela carreira médica. Em vez disso, eu era movido por uma espécie de curiosidade que era mais dirigida às coisas humanas do que aos objetos naturais". Assim, inicialmente seu projeto não era o de cuidar e curar as pessoas – de ser um médico que entende aquele objeto natural, o corpo humano; e, por meio dessa estranha e interessante distinção, ele afirma ter curiosidade pelas coisas humanas, em oposição aos objetos naturais. É preciso destacar que a ênfase está na curiosidade, e não, portanto, no conhecimento empírico. O que seria uma curiosidade sobre as coisas humanas que não envolvesse a curiosidade sobre os objetos naturais? Como darwinista aguerrido, para Freud não havia nada de sobrenatural nos seres humanos, nada que não fosse natural. Assim, podemos ver que, nessas distinções ambíguas e provocadoras que Freud se esforçava em articular, existe algo muito importante para ele. A psicanálise era sua maneira de demonstrar curiosidade pelas coisas humanas sem cair na emboscada do conhecimento científico e da melhoria da condição humana de sofrimento.

A psicanálise, conforme apresentada aqui por Freud, era difícil de classificar, ou mesmo de descrever com clareza; mas, para ele, seu fundador, a psicanálise era curiosidade. Ou seja, a psicanálise lida essencialmente com a curiosidade, em vez de lidar com, ou somente com, o conhecimento, ou mesmo com a cura. Entre outras coisas, a psicanálise se dedica – e aqui novamente remeto a Ferenczi e Lacan – à forma como o conhecimento, a vontade de conhecer, pode ser ela mesma uma defesa contra a curiosidade; e a vontade de curar e ser curado pode ser um silenciamento da curiosidade. Nesse contexto, é possível dizer que a curiosidade é uma questão humana essencial; até porque ela tende a desfazer, a dissolver os essencialismos; porque tende para o desconhecido e o potencialmente incognoscível.

"A imaginação ousada e irrestrita sempre instigou Freud [...] era uma parte integral de sua natureza, para a qual raramente dava autonomia plena [...]. Perceber essa imaginação sem restrições nos outros era algo praticamente irresistível para Freud", escreveu Ernest Jones em sua monumental biografia semioficial. A psicanálise – e os psicanalistas depois de Freud – ficou dividida entre ser uma profissão da curiosidade ou do conhecimento, entre se dedicar mais à cura ou à exploração; os curiosos, os exploradores, nunca conseguem se acomodar; aqueles que buscam ter conhecimento e ajudar as pessoas querem se acomodar quando for possível. Ou, em outras palavras, quando decidimos não dizer que a curiosidade leva ao conhecimento, podemos dizer que a curiosidade leva à curiosidade. Que não queremos chegar a conclusões, mas a inícios. Que a psicanálise é o amor pelos inícios, conforme o título da grande biografia do psicanalista J.-B. Pontalis.

Através do meio desordenado da psicanálise, Freud pergunta como seria crer na curiosidade em oposição a crer na ciência, na religião, na política, na psicanálise, ou mesmo em nada. Se você acredita na curiosidade, você acredita em quê? Você certamente acredita na livre associação, e só pode crer de maneira ambivalente na explicação; você pode acreditar no delírio, mas só pode ter uma crença ambivalente na clareza. Nitidamente, não é à toa que – para voltar aos primórdios da psicanálise –, quando Freud começa a se preocupar com a sexualidade e seu lugar na vida psíquica, ele passa a se interessar pelas origens e pelos propósitos da curiosidade infantil, da curiosidade sobre o sexo e sobre qualquer outra coisa (e sua crença de que a curiosidade nasce como curiosidade sobre a sexualidade e, mesmo mais tarde, quando é deslocada, continua a ser sobre a sexualidade é um exemplo precoce de seu desejo de fixar e antecipar a curiosidade, dando-lhe um objeto ou alvo conhecido; o que fica patente aqui é sua ambivalência em relação à curiosidade, e não seu compromisso com ela). Quero dizer que demonstrar interesse pela infância é, incontornavelmente, demonstrar interesse pela curiosidade. A criança, que sabe tão pouco – e que não é conhecida por seu empirismo – é escandalosamente curiosa. A curiosidade sobre as coisas humanas que dispara o trabalho de Freud acaba por se tornar o objeto – os meios e o fim – de sua nova disciplina.

O psicanalista é uma pessoa sobretudo curiosa, e curiosa sobre a curiosidade; e a própria psicanálise pode ser mais uma profissão da curiosidade do que da ajuda, embora esteja sempre disposta a encontrar a conexão entre as duas. O psicanalista não precisa saber, não precisa ter razão nem precisa ser acreditado. Ele precisa, entre muitas outras coisas, analisar as resistências, por mais que soe estranhamente antiquado dizer algo assim. E são as resistências à curiosidade que precisam ser analisadas. A resistência é (sempre e exclusivamente) uma resistência à curiosidade. Freud sugere que sofremos por sermos insuficientemente curiosos sobre nosso sofrimento (e um dos objetivos de uma análise deveria ser incitar a curiosidade do chamado paciente a respeito de seu sofrimento e, na verdade, de seu prazer). Não somos curiosos o suficiente em relação ao que acreditamos e deixamos de acreditar sobre nós mesmos e sobre outras pessoas. Portanto, para retomar o título deste ensaio, não acreditar deveria provocar tanta curiosidade quanto acreditar. É para isso que Freud chama nossa atenção. Ele quer que sejamos curiosos pela crença e pela descrença, assim como pela incapacidade de acreditar. Uma curiosidade pelo mal de sua época. E da nossa. E, para Freud, isso tudo começa com a curiosidade da criança sobre o sexo e o que essa curiosidade representaria. E por que isso importaria.

III

Uma fé simplista nas ciências [...] gera uma perigosa falta de curiosidade sobre o mundo, uma incapacidade de apreciar a dificuldade de conhecê-lo.
IRIS MURDOCH, "Contra a secura"

Bebês e crianças pequenas parecem viver como se acreditassem e tivessem fé no apetite e no conforto, e, ao menos inicialmente, como se acreditassem e tivessem fé nos pais ou em seus cuidadores. E, no entanto, parece estranho falar em acreditar e ter fé na fome; mesmo que pareça um pouco menos estranho, no caso dos adultos, falar em acreditar no sexo, no amor e no romance. E seria interessante que alguém que afirma acreditar, por exemplo, no sexo nos explicasse o que representa acreditar no sexo. Ou nos explicasse o que acreditar no sexo acrescentou ao sexo. A questão passa a ser sobre o que a crença justifica ou legitima; como se acreditar ou ter fé em algo ou alguém fosse uma forma de permissão. Quaisquer que sejam as pré-condições para a crença, ela sempre traz consequências significativas. Quando falamos sobre crença, costumamos falar sobre como é viver caso algo fosse verdade e, portanto, fosse essencial para a vida que queremos ter. Para Freud, a outra coisa em que a criança parece acreditar – assim como a fome, o bem-estar e os pais, aos quais está ligada – é em sua curiosidade. Freud escreve nos *Três ensaios sobre a teoria da sexualidade*, de 1905:

> A progressiva ocultação do corpo que acompanha a civilização mantém desperta a curiosidade sexual. A curiosidade busca completar o objeto sexual, revelando suas partes ocultas. Ela pode, entretanto, ser desviada ("sublimada") para a arte [...] aprendemos com a psicanálise que a pulsão de conhecimento nas crianças é atraída de forma inesperadamente precoce e intensa pelos problemas sexuais e, na verdade, é possivelmente despertada por eles.

Freud sugere que, com frequência, o nascimento de um novo bebê (usurpador) estimula o interesse necessário na origem dos bebês, e que a percepção da diferença entre o corpo masculino e o feminino – em especial, suas genitais – provoca a busca da criança pelo conhecimento e pela compreensão. Há, contudo, dois outros pontos que Freud procura destacar – primeiramente que a ocultação incita a curiosidade; e, em seguida, que o que chama, de forma reveladora, de "pulsão de conhecimento" e "desvio" para a arte são despertados pelos problemas sexuais – e, para a criança, os problemas sexuais são os mistérios e curiosidades em torno do sexo. É como se, ao menos para Freud, a sobrevivência psíquica da criança dependesse de sua curiosidade sobre a sexualidade e sua vontade de satisfazê-la, até onde for possível. É quase literalmente sua curiosidade, sua curiosidade sobre a sexualidade, como parte essencial de seu desenvolvimento psicobiológico, que propele a criança em direção ao futuro. Seu futuro é a satisfação desejada de sua curiosidade. E a criança acredita que existem formas de conhecimento que são a autocura da curiosidade que a impulsiona. O conhecimento como cura para a curiosidade, embora, como sugere Freud, seja a própria curiosidade que nutre a criança – caso ela consiga suportá-la até o fim. Sendo que o tipo certo de conhecimento é aquele que inspira mais curiosidade, em vez de interrompê-la.

Freud, como homem iluminista, por assim dizer, acredita no conhecimento; mas ele também nos mostra como o conhecimento pode ser a morte da curiosidade; e que a curiosidade pode ser a forma mais substanciosa assumida por nossos desejos. Uma rápida reflexão nos mostra que todos os famosos sintomas psicanalíticos e psicológicos – a histeria, a obsessão, as fobias, os pesadelos – são, entre outras coisas, ataques, tentativas de sabotar ou de emboscar a curiosidade. Porém Freud também destaca, de modo similar, que a fantasia sexual é uma forma de crença; que mesmo quando as crianças aprendem os "fatos da vida" – ao ser informadas dos fatos biológicos da reprodução –, elas se comportam, nas palavras de Freud, como as tribos "primitivas" convertidas ao cristianismo e continuam a "adorar seus velhos ídolos em segredo". Suas teorias sexuais sobre homens e mulheres ou a origem dos bebês prevalecem, por algum tempo, contra os fatos empíricos. Em outras palavras, as crianças, assim como os adultos, são profundamente ambivalentes em relação à própria curiosidade; elas querem e não querem saber.

Segundo esse exemplo, Freud nos convida a refletir sobre como nossas crenças – com frequência, as crenças às quais aderimos com mais fervor: preconceitos raciais, sexuais e de classe, por exemplo – são formas de desconhecer. O que nossas crenças mais adoradas nos protegem de conhecer ou de reconhecer? Para ele, a criança quer e não quer saber sobre a diferença sexual, sobre a relação sexual de seus pais e sobre os próprios desejos incestuosos. Mas também devemos ler Freud da maneira como ele nos ensinou a ler os sonhos; ou seja, não devemos nos deixar impressionar demais com o que o sonho destaca ou exibe em primeiro plano; é preciso olhar para o que ele esconde ao dar pouca ênfase. Nessa instância, podemos, então, relegar ao segundo plano a insistência de Freud na sexualidade e levar mais a sério a própria curiosidade da criança. Ao nos convencer de que o objeto de curiosidade da criança é a sexualidade, Freud desvia nosso interesse do fenômeno da curiosidade (como se dissesse que estamos realmente interessados em sexo, e não na curiosidade! Como se a curiosidade fosse apenas o meio de chegar ao sexo).

Ainda que possamos, e talvez devamos, realmente levar a sério as proposições de Freud sobre a sexualidade, também podemos entendê-las como sua forma de dizer que usamos nossas crenças e nossa capacidade de acreditar para nos esconder de, e esconder de nós mesmos, certas coisas – não apenas coisas conhecidas, não apenas o conhecimento adquirido pela psicanálise. Quando Freud nos diz em relação a que somos realmente curiosos, ele nos mostra por que sentimos tanta vontade de saber mais sobre nossa curiosidade. Ao nos dizer que a sexualidade é a coisa mais importante, ele alivia nossa angústia com o que ainda não sabemos e o que ainda queremos saber; e, talvez, ele esteja nos ajudando com nossas inúmeras angústias em relação à sexualidade e à dependência. Por que Freud? Porque Freud nos mostra como funciona o esconde--esconde da vida moderna; e que o esconde-esconde pode ser um modo vivaz de descrever nossas vidas. E que o esconde-esconde pode nos tornar curiosos a respeito de outras maneiras de descrever nossas vidas; e curiosos em relação ao motivo de o esconde-esconde ter se tornado uma imagem tão atraente.

Assim, só nos resta imaginar o que nos faz perder, em qualquer circunstância, a curiosidade sobre a falta de crença, ou sobre a crença excessiva e fanática, como retratada em *O homem sem qualidades*, de Robert Musil, e o *Doutor Fausto*, de Thomas Mann. Pode-se dizer, por uma boa razão, que os dois livros tratam da derrota da curiosidade e de um desespero sobre haver agora uma forma de curiosidade capaz de avivar e sustentar a vida. A obra de Freud parte da posição de que, para o bem ou para o mal – por definição, sem poder conhecer as consequências; sem saber de antemão o que realmente importa –, precisamos ser curiosos em relação a nossa curiosidade. Conforme ele nos mostrou por meio da psicanálise, temos nossa curiosidade e nossa moralidade como pontos de partida, além de nossa curiosidade sobre isso (a curiosidade em oposição e em conluio com a moralidade). E, como indicou Freud, a crença sem a curiosidade é uma das formas assumidas pela pulsão de morte. A crença sem curiosidade é estupidificante. E esse pode ser justamente seu objetivo.

Os prazeres da censura

I

Se uma coisa deixa de ser objeto de controvérsia, deixa de ser objeto de interesse.
WILLIAM HAZLITT,
O espírito da controvérsia

A parábola "Leopardos no templo", de Kafka, começa com um ato que poderia ser descrito como uma censura fracassada, uma censura fracassada que rapidamente se transforma em algo novo e estranho; algo comparável a uma revolução aparentemente pacífica, mas violenta. É um drama extraordinário no qual algo inicialmente proibido – ou melhor, algo tão improvável e imprevisível que nem precisava ser proibido – é gradualmente, ao longo do tempo, permitido, aceito e até mesmo celebrado. E tudo acontece em apenas uma frase, mostrando o que a linguagem pode fazer com o tempo, e a arte com a moralidade: "Leopardos irrompem no templo e bebem até o fim o conteúdo dos vasos sacrificiais; isso se repete sempre; finalmente, torna-se previsível e é incorporado à cerimônia".

Se isso é um mito do progresso, não fica claro qual é a definição de progresso nesse caso nem quais podem ser os critérios do progresso. E as autoridades, que chamo aqui de censores – talvez as pessoas mais importantes da parábola – nunca são nomeadas por Kafka (o anonimato, a assombrosa impersonalidade das autoridades é, obviamente, uma de suas mais constantes preocupações). Em outras palavras, as ambiguidades na parábola são precisas; aquilo que é omitido nos faz imaginar, preencher as lacunas e refletir.

Algo alheio, extrínseco, radicalmente imprevisível e imprevisto invade a cerimônia; e, por meio da repetição, se torna parte dela (como se a repetição fosse uma panaceia; como se por meio da repetição pudéssemos nos adaptar a qualquer coisa; o hábito ou o ritual como um grande entorpecente, ou um grande professor). Os leopardos são implacáveis e vorazes – não se pode impedir sua entrada, eles bebem até o fim o conteúdo dos vasos sacrificiais – e as pessoas presentes na cerimônia se reconciliam com essa violação bizarra assim que se tornam capazes de prever o que os leopardos farão (quando eles passam, em linguagem psicanalítica, a incluir os leopardos em sua onipotência: como se prever os leopardos, familiarizá-los, fosse um modo de controlá-los; a onipotência envolve eu acreditar que tudo o que acontece é fruto de minha própria ação, ou seja, não é uma perseguição, mas, de certa forma, uma preferência; o masoquismo é uma maneira de desfrutar algo que me foi imposto). Os leopardos foram usados, talvez explorados, para além do que acreditavam ser suas intenções – supõe-se que seu objetivo não era se tornar parte de uma cerimônia religiosa, mas simplesmente beber. E a cerimônia religiosa foi transformada – talvez melhorada, mas certamente não atacada – ao incorporar o que poderia tê-la ameaçado. É uma situação em que todos saem ganhando.

Essa é a consequência de um ato fracassado de censura; as autoridades não podem ou não querem se livrar dos leopardos. Os leopardos podem ser os judeus, os cristãos ou simplesmente qualquer coisa que acreditamos ameaçar nossas rotinas (o contingente, o anômalo, o enigmático, o estranho). Essa pode ser uma parábola darwinista sobre a adaptação, ou uma parábola religiosa sobre a assimilação, ou uma parábola secular sobre a colonização, ou sobre as ironias absurdas da mudança cultural. Mas para essa transformação acontecer – e note-se que o narrador do parágrafo não faz qualquer julgamento de valor em relação ao que aconteceu –, os censores (os juízes, os protetores, os guardiães do status quo) tiveram que fracassar ou repudiar o papel que desempenhavam. Essa é uma história sobre o que acontece quando, por qualquer razão, a censura parece não funcionar, ou parece ignorar ou se aliar a algo aparentemente problemático; sobre como podemos usar a ideia da inevitabilidade, da necessidade ou da vulnerabilidade para conter nossa perturbação. (Imagine ser uma das pessoas que esteve na primeira cerimônia em que os leopardos entraram no templo, e em cada uma das ocasiões subsequentes: que histórias você contaria sobre as autoridades, ou sobre os leopardos? O que as pessoas presentes na cerimônia diriam umas às outras?) Pela forma como a parábola é posta em cena, parece inevitável que, no interior do único parágrafo que compõe a parábola – qualquer que fosse a duração do tempo: dias, semanas, meses, anos? –, os leopardos se tornariam parte da cerimônia, ainda que pudesse parecer que estavam lá para sabotá-la. Como se a ruína promovesse uma renovação e o inesperado contribuísse inesperadamente com algo ou melhorasse o que parecia invadir, de forma que, no fim das contas, não tivesse acontecido nada de mais, comparado ao impacto que se havia imaginado. Como se a violação pudesse ser usada, em vez de apenas sofrida. A parábola certamente não sugere que a cerimônia tenha sido comprometida ou estragada pelos leopardos.

Não surpreende muito, em vista da situação de Kafka – em vista do mundo severamente ditado por regras e julgamentos em que Kafka vivia; um mundo em que ele pôde escrever: "Como posso ter qualquer coisa em comum com outros judeus, quando não tenho nada em comum comigo mesmo?" –, que ele se perguntasse como seria sua vida se as regras e os julgamentos não funcionassem, se os regimes em que ele vivia e trabalhava fossem, de alguma maneira, transformados. E, é claro, ele também se pergunta quão resilientes são os rituais (e os regimes) –, quanto eles poderiam incluir e a que custo; de acordo com o biógrafo Reiner Stach, havia na Praga de Kafka "um sistema de monitoramento sempre conspícuo e palpável. Nenhuma reunião pública ou apresentação de teatro acontecia sem a presença facilmente reconhecível de um funcionário público munido de um caderno de anotações. Não era possível publicar ou afixar um jornal, cartaz ou panfleto, por mais inócuo que pudesse parecer, sem o carimbo de aprovação do censor". Em vista dessa censura onipresente – o meio e a moeda da vida de Kafka –, também precisamos destacar que nada é dito sobre o que acontece com os leopardos (não censurados), além de que eles encontram uma nova fonte para se refrescar. O que eles fazem é um testemunho da engenhosidade de sua vida pulsional; o que o público presente durante a cerimônia faz é um testemunho da robustez de sua cultura. Se não é sobre um clichê contemporâneo – a cultura aprimorada pelo instinto, tendo que se acomodar ao selvagem, ao elementar –, de que trata a parábola? Até que ponto o sagrado é informado pelo predatório? Quantos de nossos rituais mais estabelecidos não teriam histórias como essa?

 Se essa parábola fala, entre muitas outras coisas, da censura, o que ela sugere que os censores querem? Como nos faz pensar sobre o trabalho da censura, o trabalho de proibir ou de impedir certas coisas, certos atos? Deveríamos crer simplesmente que a censura sufoca a criatividade? Que a censura é inimiga da inovação, que ela tenta deter o novo; que ela nos impede de desfrutar e nos acostumar com as novidades e as fascinantes conciliações – de desfrutar, por assim dizer, a bela e implacável ferocidade dos leopardos? Essencialmente, que os censores inibem, para que possam, por exemplo, organizar nossa interpretação das parábolas, entre muitas outras coisas; para que possam sempre torná-la previsível? Afinal, essa incisiva parábola kafkiana passou a fazer parte de nossos rituais, de rituais que, por definição, tratam da inclusão e da exclusão; o que (e quem) queremos incluir, e por quê; o que (e quem) queremos excluir, e por quê.

O que Kafka chama de "cerimônia" pode se referir aqui à cerimônia que conhecemos como nossa identidade; à cerimônia que conhecemos como educação (ou nossas práticas de leitura) ou como nossos relacionamentos; embora a tradução do texto de Kafka geralmente seja associada a um ritual religioso, a uma dedicação política ou a um casamento (sem dúvida, essa é uma parábola ostensivamente religiosa, em vista de seu pano de fundo e da parafernália religiosa). Porém a cerimônia é uma forma de nos organizarmos, de ritualizar nossas vidas. É, como se supõe de uma parábola, uma palavra que convida à associação e à interpretação (como as palavras "templo" ou "previsível": ainda que, curiosamente, isso não seja válido para o título "Leopardos no templo").

Palavras e expressões que convidam à associação e à interpretação são exatamente o que a censura tenta evitar (será que os censores escrevem parábolas? Qual seria o gênero predileto de um censor? A tragédia mais do que a comédia, podemos supor). Ou seja, a censura sugere um mundo previsível (são a vontade e a disposição disfarçadas de profecia); um mundo em que reconhecemos o que é e o que não é um templo, o que é e o que não é um vaso sacrificial. Um mundo em que não existem leopardos no templo. O censor nos diz quais sacrifícios valem a pena e o que precisa ser previsto; a censura, o que quer que ela seja, é sempre uma forma de previsão, uma necessidade de se colocar à frente. E quando os censores fracassam, alguma coisa é aberta; se os leopardos ficassem fora do templo, não teríamos nem a parábola nem a miríade de interpretações que ela enseja.

Ainda assim, incorporar esses leopardos na cerimônia pode ser uma forma engenhosa de censura. A cerimônia, afinal de contas, continua acontecendo. A censura é supostamente conservadora, pois deve conservar algo. Como Sartre destacou, os rebeldes são as pessoas que mantêm as coisas como estão, para poder continuar se rebelando contra elas; os revolucionários mudam o mundo. Os guardiões anônimos da cerimônia – os censores que guardam o templo – certamente são mais rebeldes que revolucionários. Eles encontram meios de fazer a mudança parecer mais do mesmo, enquanto aparentemente aceitam uma inovação dramática; como se a melhor maneira de manter as coisas como são fosse mudá-las violentamente. Os censores, em outras palavras, podem ser extremamente complacentes, adaptando-se em favor de algo que consideram ser de suma importância, mesmo que jamais se declare (ou que os censores jamais descubram) o que é essa coisa de suma importância. Em outras palavras, os censores têm as próprias fantasias de catástrofe e ideias sobre o que deve ser protegido a todo custo. Eles fazem seu trabalho por uma boa razão.

Talvez devêssemos perguntar aos censores o que Iris Murdoch sugeriu que perguntássemos aos filósofos: não apenas o que eles temem, mas o que eles amam. Essa é a pergunta que Freud – para quem a ideia de censura era uma pré-condição para a psicanálise; já que sem a ideia de censura a psicanálise seria ininteligível – não chegou a fazer. Se, desde o início, nós somos criaturas censuradas e que censuram a si mesmas, o que nossos censores formadores e aparentemente informados querem para nós? Se a censura é uma forma de amor – e, por vezes, uma forma perversa de amor, mesmo que nossos primeiros censores sejam nossos pais –, o que nossos censores amam quando nos censuram? Como eles imaginam um mundo que eles não censurassem?

II

... se uma cultura exclui uma
possibilidade e precisa mudar quando

essa possibilidade é admitida, fica implícito que ela dependia dessa exclusão para sustentar a própria existência.

DEREK ATTRIDGE,
O trabalho da literatura

Claramente, não pode haver política ou religião – nenhuma forma de organização social – sem uma categoria do que é inaceitável e, portanto, sem censura. Assim, quando dizemos que a psicanálise de Freud depende da censura, isso talvez não signifique muita coisa. Talvez só estejamos indicando que o que Freud chama de "vida psíquica" é algo seletivo e punitivo; que aquilo que nos permitimos saber sobre nós mesmos sempre está sob vigilância e costuma ser extremamente policiado. Se a questão moderna, como Michel Serres disse, apoiando-se parcialmente em Freud, é: "O que não quero saber a respeito de mim mesmo?", então precisamos reconhecer quanto trabalho, quanta disciplina, diligência e obediência são necessárias para suportar o projeto de não saber, o projeto da ignorância informada. É preciso saber muito para saber o que não deveríamos saber. E quando sabemos que não queremos saber de algo, precisamos ter alguma ideia de que coisa é essa (para recalcar ou negar alguma coisa é preciso reconhecê-la primeiro). Portanto, não surpreende que tenha sido a figura batizada por Freud como "o censor" – originalmente o nome do magistrado que mantinha os registros de propriedade dos cidadãos romanos, cobrava impostos e controlava sua moral – aquela que parecia saber o que valia a pena dizer e para quem; o que deveria ser admitido no plano social, no mundo compartilhado, e o que deveria ser proibido; o que era perigoso e por que (a figura que sabe reconhecer um leopardo quando vê um). É o censor que contabiliza, que mantém o registro do cidadão. E o cidadão, de um jeito ou de outro – para poder ser cidadão –, deve sempre estar acompanhado do censor (censura significa nunca estar só, o que, é claro, vale para os dois lados).

Para Freud, o censor – precursor do que ele chama de supereu – combina o moralismo severo do esteta com a atenção detalhista do oficial de aduana para discriminar entre o prazer e a dor, o bem e o mal, a verdade e as mentiras. O censor – que, para o psicanalista Charles Rycroft, é o ancestral do supereu: em Freud a mais cruel e intimidadora, a mais obscena (para usar o termo lacaniano) figura do supereu é a herança recebida do censor – nos conta a diferença, em termos inequívocos, entre o aceitável e o inaceitável. Por que somos tão dogmáticos em relação à moralidade? Porque, diria Freud, somos possuídos por uma figura demoníaca que parece conhecer, em termos absolutos, o que deveríamos estar pensando, sentindo e fazendo (e as consequências de fazer o contrário). Alguém em algum lugar deve saber a diferença entre certo e errado; ou somos moralistas convictos, ou temos que suportar a complexidade de nossas próprias mentes. Como qualquer pessoa plenamente aculturada – qualquer pessoa que tome os leopardos no templo como pressupostos –, nossas vidas podem parecer "naturais", mais ou menos normais, isto é, distantes de qualquer reestruturação dramática. Sabemos que o censor e seu descendente, o supereu, fizeram bem o seu trabalho quando sabemos o que estamos fazendo, quando sabemos onde estamos. Assim, podemos dizer que "Leopardos no templo" é uma parábola sobre a normalização. O censor nos diz o que é ser normal e quais são as penalidades para os desvios. A normalidade se torna nossa segunda natureza. Ou mesmo a própria natureza.

Claramente, não pode haver uma vida não normativa – nenhuma vida sem normas definidas; na realidade, trata-se de estabelecer quais normas preferimos e por quê. Trata-se de encontrar boas razões para as normas que admiramos e articular os critérios que definem o que configura uma boa razão para nós. A censura, como Freud logo mostrará, é sempre mais complicada do que gostaria de ser. Para ser bem-sucedida, a censura precisa ser inexpugnável, deve ser suficientemente impressionante e intimidante. Todo julgamento, sugeriu Freud, é punitivo. Toda reivindicação da verdade é triunfalista.

Então, em um sentido bastante severo, a psicanálise depende do censor; sem a noção de censura – em minhas palavras –, o sistema teórico é incoerente (a necessidade, a inevitabilidade da censura – nossa incapacidade de descrever a vida sem ela – também é relevante). Mas sem a possibilidade de que a censura seja, ela própria, censurada – de que ela mude, reconheça outra autoridade além de si mesma e deseje ela mesma algum tipo de mudança –, o tratamento psicanalítico, sem mencionar a vida política, se torna fútil (os inimigos iluminadores da psicanálise, Deleuze e Guattari, afirmam em *Mil platôs* que a "experimentação" sempre "incorre na censura e no recalque", e propõem "substituir [...] a experimentação pela interpretação"). Porém, do ponto de vista psicanalítico, a censura é o ato de fala paradigmático – a necessidade de tornar algo aceitável, a necessidade de afrouxar o nó, de aliviar a pressão exercida pelo inaceitável. Mas, como John Forrester escreve no livro *Truth Games* [Jogos da verdade], se a "psicanálise sempre subordina o discurso da culpa ao discurso da descoberta", como pode fazer algo que vai tão contra a imaginação moral, tal como é tradicionalmente concebida? O que mais podemos fazer com o inaceitável além de culpá-lo, tratá-lo como bode expiatório, evacuá-lo, aboli-lo? Seria possível existir um supereu gentil, solidário e com outra espécie de criatividade? Será que foi isso que Kafka imaginou em "Leopardos no templo"? Hospitalidade para os leopardos, e não uma revolta violenta e destrutiva. "Leopardos no templo" não como escândalo, mas como comédia. De fato, Philip Roth comentou que Kafka era um grande comediante – um que se apresenta sentado, e não de pé.

Então o que os censores precisam amar – além da mudança – para se interessarem pela mudança? O que faria os censores abrirem espaço? Como nossos gostos mudam e por que gostaríamos que mudassem? O que Freud está dizendo – o que Freud acrescenta a essa conversa cultural fundamental – é que obedecemos inconscientemente a autoridades internas. Mas não as chamamos assim. As chamamos de nossas preferências, nossos preconceitos, nossas crenças e convicções, o que tomamos como certo, o que nem precisamos dizer. Freud sugere que não somos conscientes em relação ao que consentimos nem ao fato de consentirmos (eu poderia dizer apenas que "é assim que eu sou", em vez de tomar nota do que meus mestres querem de mim e para mim). Na história freudiana, a censura é o ponto de partida. Começamos junto e em relação a nossos censores (portanto, o desenvolvimento pode ser descrito como a história de nosso relacionamento com a censura, a censura alheia e a autocensura).

Naturalmente, faz sentido, para todos os efeitos, que a censura mais eficaz seja invisível ou silenciosa; ela jamais se apresenta como censura, e sim a maneira como fomos criados, nossa formação (eu poderia dizer "amo você" no lugar de "quero censurar você"). Podemos ou não ser paranoicos em relação a isso – a paranoia é uma ansiedade aguda em relação à censura –, mas pode ser mais revelador reconhecer que a censura é nosso meio e nosso projeto. Freud sugere que não existe descrição inteligível ou útil de nós, ou de nossa vida, sem que a censura tenha um lugar de destaque. Psicanálise, ou conhecer melhor nossos censores.

III

Não é surpresa que o colapso da censura e o estabelecimento efetivo da tolerância religiosa tenham aberto as comportas para uma enxurrada de especulações que até então só haviam sido murmuradas em silêncio.
CHRISTOPHER HILL, *O mundo virado de cabeça para baixo*

A primeira vez que Freud usou o conceito de censura foi em uma carta enviada em 1897 para Fleiss, um de seus primeiros colaboradores. "Você já viu algum jornal internacional depois de passar pela censura na fronteira russa? Palavras, frases e parágrafos inteiros são apagados, tornando o restante do texto ininteligível. Na psicose, ocorre uma censura russa, e os resultados são delírios aparentemente sem sentido", escreveu. Aqui, a censura está inteiramente visível, chamando a atenção para si e para as partes apagadas, basicamente indicando ao leitor (se fosse capaz de decifrá-las) o que os censores não queriam que os estrangeiros ficassem sabendo. Nessa versão da censura, o material censurado torna ininteligível o material que não foi censurado. E Freud sugere que isso se assemelha aos delírios aparentemente sem sentido que ocorrem na psicose. Como se o projeto da psicose, e dessa versão da censura, fosse o de criar algo sem sentido (ou o que o analista Wilfred Bion chamaria de "um ataque ao sentido"). Existe um refúgio, um esquema de proteção, uma segurança na falta de sentido. A censura é um ataque a uma coerência preexistente ou à inteligibilidade que é vista como perigosa pelos censores. Obviamente, vale a pena destacar que Freud vê a forma mais severa de doença mental, a psicose, como causa e consequência da censura, ou como as duas ao mesmo tempo.

Assim, a censura protege tanto o Estado como o indivíduo e deixa ambos perdidos. O que Laplanche e Pontalis chamam de "o caráter aparentemente absurdo de certos delírios" é um efeito da censura; a censura, portanto, como uma forma de criar algo (se o censor fosse um artista, em vez de um ideólogo, ele perguntaria: "Como isso seria ou soaria se eu apagasse esta ou aquela parte?"). Podemos dizer que os censores russos, como os psicóticos, estão criando algo que é apenas "aparentemente sem sentido", como diria Freud. No mínimo, os censores russos estão indicando que existem coisas que eles não querem que as pessoas saibam, palavras e frases das quais querem excluir as pessoas.

Assim, desde o princípio Freud associa as supostas doenças mentais com a censura; e ele associa a censura ao tipo de sentido que é criado por meio de um ataque ao sentido. Obviamente, ele está usando analogias políticas para descrever o mundo interior. Se queremos compreender a psicose, precisamos entender como os russos censuram as notícias. E é possível acrescentar que o censor interno está lá para monitorar as notícias (sobre si) que o indivíduo costuma trazer até ele. Como se o mundo interior fosse uma fonte de notícias; coisas acontecem dentro de nós o tempo todo e não devemos nos tornar inteligíveis demais para nós mesmos.

Porém Freud obviamente reconhece as censuras da vida cotidiana; a sociabilidade depende da censura, assim como os sonhos e os sintomas. Na verdade, quanto mais ele pensa sobre a censura, mais ele dá a entender que ela explica coisas demais. Freud escreve em *A interpretação dos sonhos*,

> Na vida social que nos proporcionou nossa analogia familiar com a censura onírica, também fazemos uso da supressão e da inversão dos afetos, principalmente para fins de dissimulação. Se estou falando com alguém que sou obrigado a tratar com consideração, embora eu queira dizer algo hostil, é quase mais importante que eu oculte dele qualquer expressão de meu afeto do que abrande a forma verbal de meus pensamentos. Se me dirigisse a ele com palavras que não fossem indelicadas, mas que viessem acompanhadas de um olhar ou gesto de ódio e desprezo, o efeito que eu produziria nele não seria muito diferente do que se eu expusesse abertamente meu desprezo. Por conseguinte, a censura me ordena, acima de tudo, a suprimir meus afetos; e, se eu for um mestre da dissimulação, fingirei o afeto oposto – sorrirei quando estiver zangado e parecerei afetuoso quando desejar destruir.

Não é difícil notar que essa é a situação de um judeu incomodamente assimilado a uma cultura antissemita; essa é a história dos sacrifícios e da inventividade exigidos de um imigrante que não é bem-vindo. Sua arma mais poderosa, que também é um escudo, é sua capacidade de autocensura, de dissimulação. Os imigrantes precisam ser, entre muitas outras coisas, bons atores. E podemos dizer que atores são mestres da censura. Eles precisam censurar todas as palavras desnecessárias para interpretar seu papel. E, ainda assim, não pensamos nos atores como pessoas que se censuram ou que se engajam em atos dramáticos de autocensura. Freud indica que a capacidade de sobrevivência depende de uma capacidade de autocensura ardilosa. Porém, ao longo do tempo, como os leopardos no templo, nos tornamos tão habituados a nossas dissimulações que nos transformamos nelas; elas se tornam parte integral da cerimônia de ser quem somos. Freud sugere que tamanha violência exige uma supressão igualmente violenta; "se eu for um mestre da dissimulação, fingirei o afeto oposto – sorrirei quando estiver zangado e parecerei afetuoso quando desejar destruir", escreve. Isso faz do censor o gênio de nossa sobrevivência. Mais uma vez, a implicação é a de que sem a censura haveria uma violência incontrolável. Anna Freud escreveu certa vez que, se deixamos as crianças fazerem o que quiserem, elas se tornam violentas. Se deixamos os adultos falarem do que quiserem, eles falam sobre sexo. Sem a censura, não existe sociabilidade viável. Mas, ainda assim, como Freud deixa perfeitamente claro, é somente mediante a violência dos censores que a censura pode ocorrer. Como se o melhor uso de nossa violência e sexualidade fosse censurar violentamente nossa violência e sexualidade: sorrir quando estivermos zangados e parecer afetuosos quando desejarmos destruir.

O que Freud deixa de fora dessa história é o que acontece com a sociabilidade quando todos aprendemos esses truques da vida. Quando presumo que a afeição pode servir de fachada para meus desígnios assassinos, como isso afeta meu modo de me relacionar com outras pessoas? Quando Freud escreve que "a censura me ordena, acima de tudo, a suprimir meus afetos", a censura se torna um agente no interior de minha agência, me impelindo a fazer certas coisas e não outras, como se fosse um professor de teatro. E, no entanto, uma coisa é clara: os afetos podem ser suprimidos, deslocados ou transformados em seu oposto, mas eles não desaparecem. O censor, no relato de Freud, pode apenas nos ajudar a manejar a pessoa que somos, quem somos essencialmente. O censor nos treina, nos educa, nos intimida a aderir a formas aceitáveis de sociabilidade; ele nos diz o que deveríamos fazer juntos e como deveríamos fazer isso. O psicótico, assim como o neurótico ordinariamente sociável, precisa do censor. No entanto, por um processo de regresso infinito, somos obrigados a perguntar: o que o censor quer? Claramente queremos e, ao que tudo indica, às vezes precisamos ser censurados. Mas o censor precisa de quê?

"É da natureza de toda censura deixar passar, dentre os enunciados proscritos, aqueles que são falsos, em vez dos verdadeiros", escreve Freud em *A interpretação dos sonhos*. Ou melhor, ela usa a inverdade para revelar a verdade. Assim, para Freud, como os sonhos são representações disfarçadas dos desejos (infantis) proibidos, o sonho é possibilitado, é criado pelo censor. O censor, no relato de Freud, precisa ser um bom mentiroso e um bom criador de sonhos (ou um bom artista – "todo homem é um artista em seus sonhos", escreveu Nietzsche). Mas, acima de tudo, o censor, para Freud, é o guardião do desejo proibido, o protetor e mantenedor de nossos prazeres. O censor russo é repressivo, em sentido familiar, mas a figura freudiana do censor é o oposto disso; ou melhor, a figura freudiana do censor reprime – disfarça, dissimula, mente – com o objetivo de liberar o desejo.

Graças às artimanhas de nosso censor, nos sonhos podemos representar – podemos nos permitir conhecer – nossos desejos proibidos. Paradoxalmente, o censor freudiano quer promover nossa fruição; quer encontrar meios de tornar os desejos proibidos reconhecíveis e até viáveis. O censor é irônico – um mestre do disfarce –, pois acredita na comunicação; ele acredita, assim como Freud, que pode nos fazer conhecer a nós mesmos e aos outros. E, do mesmo modo, ele é o guardião de nossa sociabilidade, já que o censor é o guardião de nosso verdadeiro desfrute. Podemos reescrever o famoso aforismo nietzschiano, segundo o qual a arte existe para não sermos vítimas da verdade, como: a censura existe para não sermos vítimas da verdade (ou da arte). O que o censor sabe – como Freud também parece saber – é que nosso desejo nos coloca em risco, mas também é a única coisa que importa para nós (e Freud ainda sugerirá que, por mais absurdo que possa soar, nosso desejo pode ser mais importante para nós do que a própria sobrevivência).

Por meio da figura do censor, Freud inventou um novo tipo de agente duplo. Para Freud, em *A interpretação dos sonhos*, "Na fronteira" – mais uma fronteira –,

> há uma censura que só deixa passar [para a consciência] o que lhe é agradável e retém tudo o mais. De acordo com nossa definição, portanto, o que é rejeitado pela censura fica em estado de recalque. Em certas condições, uma das quais é o estado de sono [...] o recalcado não pode mais ser refreado [...]. Entretanto, visto que a censura nunca é completamente eliminada, mas simplesmente reduzida, o material recalcado tem de submeter-se a certas alterações que atenuam seus aspectos ofensivos. [...] Recalque – relaxamento da censura – formação de compromisso: esse é o modelo básico da gênese não apenas dos sonhos, mas também de muitas outras estruturas psicopatológicas.

O censor não é onipotente, ele relaxa e é perfeitamente capaz de fazer alterações suficientes na representação dos desejos proibidos, de modo que o sonho e os desejos que ele codifica atravessam a fronteira da consciência (para Freud, ele é humano; ele também cochila: "assim que o estado de sono acaba, a censura retorna com força total"). Claramente, o censor está do lado do recalque e do material proibido (não é militantemente competente, não está plenamente engajado; isto é, existe também certa cumplicidade entre a censura e o desejo proibido). Por ser bom em fazer concessões, o desejo do indivíduo nunca fica comprometido. Freud continua, ao falar sobre o disfarce:

> Não temos nenhuma razão para encobrir o fato de que, na hipótese que formulamos para explicar o trabalho do sonho, um papel é desempenhado pelo que se poderia descrever como um elemento "demoníaco" [...] a formação dos sonhos obscuros ocorre como se uma pessoa que fosse dependente de uma segunda tivesse de fazer um comentário fadado a ser desagradável aos ouvidos desta segunda, e foi com base nesse símile que chegamos aos conceitos de distorção onírica e censura.

O sonho diz, em nome do sonhador, aquilo que é difícil, demoníaco, inaceitável. Podemos dizer que o censor freudiano é perfeitamente ciente – como uma mãe – das vulnerabilidades do sonhador; que o sonhador não lida bem com aquilo que considera demoníaco em si. O censor consegue tornar interessantes, intrigantes, disponíveis ao pensamento as coisas mais inaceitáveis. O censor russo pode se preocupar com o Estado representado pelos poderes constituídos, mas o censor freudiano preocupa-se com o bem-estar, a sobrevivência psíquica do indivíduo. Novamente como uma mãe, ele trabalha para impedir que o sonho do sonhador, que a vida do sonhador se torne um pesadelo. Ele protege o sono do sonhador ao tornar o material demoníaco menos perturbador; ele transforma o trauma em surpresa, algo cru e urgentemente imediato em algo simplesmente sonhável. Ao assumir o papel de agente duplo – ao estar do lado dos desejos proibidos do indivíduo e do lado de sua segurança –, o censor quase literalmente torna a vida do indivíduo viável.

O censor freudiano quer – de maneira muito similar a uma mãe suficientemente boa, embora Freud nunca chegue a dizer isso – que a vida do indivíduo seja viável por ser suficientemente agradável. Freud, por meio da alquimia psíquica de suas descrições, torna o censor libertador por ser restritivo. Mas também devemos notar que o censor de Freud é um personagem mais complicado que a figura reconfortante da mãe suficientemente boa de Winnicott. O censor freudiano quer que encontremos meios de nos divertirmos; de fato, supomos haver um sentido em que, mesmo que ele não ame o prazer e a segurança, essas são as coisas mais importantes para ele (deve-se acrescentar que, embora Freud nunca defina o gênero do que chama de censor, podemos presumir que seja um homem). Porém, conforme as passagens de *A interpretação dos sonhos* deixam claro, o censor de Freud está comprometido com as artimanhas, com a dissimulação exigida para uma busca bem-sucedida pelo prazer. Freud, com certa ironia, acredito eu, reenquadra o censor como um facilitador do prazer e do conhecimento, não como alguém que os sabota. Ou seja, Freud faz o censor e a censura trabalharem em nosso favor. Ele transforma o trauma da censura no triunfo irônico do hedonismo bem-sucedido; um hedonismo que acontece contra todas as probabilidades. Pode-se dizer que essa é uma conquista cultural extraordinária: fazer da inibição um instrumento de liberdade. É uma versão da famosa piada judaica – Deus diz que destruirá o mundo com uma enchente em três semanas. Os cristãos dizem que precisam confessar seus pecados, que precisam fazer mais boas ações; os judeus dizem que têm três semanas para aprender a respirar debaixo d'água.

IV

Agora o censor tem em mãos
minha carta. Ele acende a luz.
Minhas palavras, alarmadas, saltam
alto como macacos em uma gaiola,

*Chacoalham as barras, param
firmes e mostram os dentes.*
TOMAS TRANSTRÖMER, "A amigos
do outro lado da fronteira"

Talvez não surpreenda, portanto, que por meio da livre associação – a chave para o método psicanalítico, por meio do qual o paciente é encorajado a dizer o que passa em sua cabeça –, Freud proponha o que chama de "suspensão da censura"; o paciente é encorajado a ignorar temporariamente a censura interna e dizer apenas o que passa em sua cabeça, por mais inaceitável ou aparentemente trivial que possa parecer. Ou seja, o pressuposto consciente ou inconsciente de Freud é o de que o censor não é nem onisciente, nem onipotente; ele ou ela podem ser suspensos, ter uma folga. O censor é alguém com quem nós – o analista e o paciente, por exemplo – podemos trabalhar, é uma espécie de colaborador. A censura pode ser suspensa e modificada ao longo do tratamento psicanalítico. De fato, nosso censor interno, conforme Freud indica, pode ser ao mesmo tempo nosso colaborar original e ideal, o que está mais afinado conosco – ou seja, tanto você como seu censor interno estão interessados naquilo que você não deve dizer, naquilo que não pode saber sobre si. Você e seu censor nutrem em comum o desejo pelo silêncio, pela inibição, pela ignorância, por transformar o suposto autocontrole no prazer predominante. Portanto, é preciso notar o que você e seu censor gostam de fazer juntos. Como a filósofa Elizabeth Anscombe escreve em *Causalidade e determinação*, "se quisermos dizer ao menos algumas verdades sobre as intenções de uma pessoa, teremos muito mais chances de sucesso se mencionarmos o que ela fez ou está fazendo na realidade". Afinal, o que o censor e o censurado estão fazendo na realidade?

A censura nos protege e nos desnutre – nos protege por meio da desnutrição; ela é autocentrada no grau máximo e mais restritivo. É pressuposto da censura que preferimos a segurança ao perigo, o fechamento à abertura, o familiar ao estranho. Então Freud nos diz: pense no censor como seu interlocutor mais importante, e não como o tirano que você está sempre tendo que administrar. Onde há soberania, pode haver troca mútua; onde há tirania, resta apenas um esboço de vida mantido sempre a certa distância. No tratamento psicanalítico o paciente suspende a autocensura para conseguir se autocensurar melhor no futuro. E isso implica tornar conscientes os critérios de censura usados pelo censor, a fim de definir quais serão nossos próprios critérios, quais critérios preferiremos adotar – e entender por nós mesmos o que não devemos dizer e quando isso ou aquilo não deve ser dito e o que queremos ser capazes de dizer e qual o momento para dizê-lo. E, pensando bem, não é estranho que, como judeus assimilados de maneira ambivalente, tanto Kafka como Freud estivessem descobrindo como fazer o censor trabalhar em favor de seu desejo. Naturalmente, é nesses termos que lemos a obra de autores sob o comunismo e outros regimes totalitários. Porém Freud por vezes indica que é igualmente difícil, senão mais, lidar com os regimes internos; ou o modo como lidamos com os regimes internos pode ser um indício de como lidamos com os externos (o pessoal como político, em outro sentido). Por querer que acreditássemos que a censura pode ser uma forma de diálogo – que pode, na verdade, ser o paradigma de diálogo; o dueto fundamental da pessoa com seu censor –, Freud contribuiu para o estoque de realidade liberal disponível.

Portanto, no drama máximo da censura que conhecemos como tragédia, testemunhamos a consequência, a tirania de quem está determinado a jamais se autocensurar; vemos, para colocar em termos simples, como é o relacionamento mais debilitante com a censura. Em *Coriolano* – um exemplo pertinente, neste caso –, Brutus nos informa de maneira incisiva no segundo ato que "Censorino, assim apelidado – com honra, pois censor foi duas vezes – foi seu mui glorioso antepassado [de Coriolano]" (Charles Rycroft talvez faça uma alusão inconsciente a essa passagem em seu *Dicionário crítico de psicanálise*, quando define o censor como "o antepassado teórico do supereu", como mencionei anteriormente, o que torna Coriolano uma figura para o supereu). Coriolano, que de maneira trágica e distintiva demonstra ser incapaz de se autocensurar, possui um grande antepassado que era aceitável para as pessoas como cônsul (e censor), pois podia fazer e fazia exatamente aquilo que Coriolano se nega a fazer – ambos prestam contas de si mesmos ao povo e demonstram solidariedade ao responder e se responsabilizar por suas necessidades e seus desejos. Após suas grandes vitórias no campo de batalha, Coriolano pede ao povo romano que o confirme como cônsul, algo que ele próprio não faria. "Não comprarei nunca o favor deles [do povo] pelo preço de uma palavra bela"; apesar dos apelos de Menênio – "Vamos, vamos! Vós fostes muito brusco, deveras brusco", diz a Coriolano, "retirai-vos, sem pôr vossa nobre cólera em vossa língua" – e de sua tentativa de justificar a nobreza de Coriolano – "Sua boca é seu coração". É a afirmação inflexível de Coriolano de que jamais se autocensurará que o leva a ganhar e perder o dia. Para Coriolano, a autocensura é uma forma servil de rebaixamento; é a submissão que compromete a nobreza. É o cerceamento de outras vozes, tanto dentro como fora de si. Poderíamos dizer que Coriolano é viciado em certa imagem de si, que revela ser justamente a mesma imagem que a mãe prefere ter dele.

Stanley Cavell escreve em *Disowning Knowledge* [Renunciando ao conhecimento] que "Coriolano calcula o custo da falta de tato da civilidade"; o que Cavell chama de a "recusa de Coriolano em reconhecer sua participação em uma existência humana finita [...] uma espécie de recusa de uma existência compartilhada com os outros", podemos chamar, em referência a Freud, de uma incapacidade de desfrutar do diálogo com o censor. Coriolano fica tão impressionado, tão intimidado com a censura do povo que não pode e não aceita debater com os cidadãos. Ele não deriva prazer daquilo que o limita (nem consegue ver a limitação como uma forma de troca; que faz lembrar o comentário do poeta John Crowe Ransom, para quem nossa vida é feita de trocas com o inimigo). Naturalmente, não é parte incidental da tragédia de Coriolano que a cumplicidade de sua mãe com os protestos da esposa seja elemento central do drama. A peça deixa muito claro que a pessoa que Coriolano se tornou, ao menos em parte, era um efeito de como sua mãe o havia criado. Mas é preciso destacar que, contra o truísmo de que os primeiros censores são a mãe e o corpo da criança, e depois o pai, somos levados a crer que Volúmnia, a mãe de Coriolano, incentivou e apoiou sua falta de autocensura, sua perniciosa falta de autocrítica. Em outras palavras, Coriolano – como todos os heróis trágicos – não era capaz ou não queria se dividir entre uma versão de si desejante e narcisista e outra versão censora (o que Cavell chama de falta de tato da civilidade). Ele nunca conseguiu enxergar os benefícios da censura, como Freud nos convoca a fazer. O que parece ser uma forma de sabotagem na verdade pode ser uma oportunidade disfarçada. Portanto, Freud quer que perguntemos – como Kafka, de um modo diferente – que coisas se tornam possíveis a partir daquilo que você deseja evitar e das maneiras que encontra para evitá-lo? Sempre haverá leopardos entrando no templo. A questão é: de que rito eles poderão fazer parte? E quem decide isso?

Sobre a perda

A natureza humana, então, não passa de uma escora para sustentar a crença em nossa própria superioridade.
TIM INGOLD, *Antropologia: por que ela importa*

O culto da perda tem e sempre teve muitos adeptos apaixonados. E, como em qualquer culto, os críticos costumam ser demonizados ou ignorados, mesmo que apenas por usar essa palavra específica para se referir a um grupo de pessoas comprometidas com o mesmo conjunto de ideias. Ralph Waldo Emerson nunca foi celebrado nem mesmo comentado por ter escrito quando seu filho morreu: "A única coisa que o luto me ensinou é quão raso ele é". Qualquer comentário discordante sobre o funeral da rainha Elizabeth II em 2022 foi rechaçado de modo retumbante. Seria incrivelmente grosseiro e um pouco patológico não reconhecer a devastação fundamental causada pelo luto; ou não levar a sério a proporção da perda de qualquer vida, por melhor que tenha sido vivida. Seria negar nossa mortalidade, nossa vulnerabilidade essencial, a passagem do tempo; ou mesmo nossa simples identificação com as outras pessoas (a brutalidade, é claro, consiste em tratar a perda com uma casualidade e um descuido confusos). Seria estranho não perceber ou não se espantar com a precariedade de tudo o que está vivo, e, quando suportamos pensar a respeito disto, com como tal precariedade parece ser um fato definidor de nossas vidas. É como se a privação e a transitoriedade nos definissem e, assim, fosse provável que qualquer pessoa que questionasse o fato de sermos assombrados pela ideia da perda, nosso desejo de aplicá-la em todos os lugares ou nosso desejo de usá-la para explicar tudo – o envelhecimento como a perda da juventude, a doença como a perda da saúde, a loucura como a perda da sanidade, o mal como a ausência do bem e assim por diante – fosse vista como alguém que está fora de sintonia com a realidade, que faz provocações desnecessárias. O luto parece ser nossa religião universal. O culto à perda, o fascínio de abrir mão de algo. O desejo de embolsar a sensação de vitalidade.

Ainda assim, nada fecha mais nossa cabeça do que a perda; se um de nossos desejos mais urgentes é o de fechar a cabeça, de nos simplificar e nos reduzir, a perda sem dúvida dá conta do recado. Se o lucro existe para compensar a perda; se a salvação existe para nos curar da ausência; se o prazer existe para nos ajudar a esquecer de sua transitoriedade, então pensamos claramente em nós mesmos, para usar o termo mais pernicioso e enganoso, como potenciais perdedores (sabemos, é claro, que só há perdedores porque há vencedores; o problema é querer ser qualquer um dos dois). Mas se somos essencialmente criaturas elegíacas – obcecados apenas pelo que perdemos ou podemos ou iremos perder –, deveríamos notar que nenhum outro animal parece ser afetado dessa maneira. É evidente que os animais sentem a perda – nós testemunhamos a transformação que os perpassa quando estão doentes ou quando morre outra criatura; e se sobreviver é nossa sina, então a perda da vida e de vidas é o fardo que carregamos. Mas outros animais parecem viver como se estivessem de olho na sobrevivência, e não na perda.

Foi a linguagem, a aculturação, que nos deu a perda – as maneiras que encontramos de vivenciá-la e reconhecê-la –, assim como sua elaboração tão sofisticada. Devemos nos lembrar, em outras palavras, de como a linguagem e a ausência são cúmplices: usar uma palavra é reconhecer a falta de seu referente, como se a própria linguagem, seu uso, tornassem a perda nosso tema e nosso meio. Por mais levianas que sejam, as palavras também são sempre uma forma de luto por aquilo que representam. A ideia e a experiência da perda parecem ser um modo de refletir sobre algo, mas, pelo fato de a linguagem ser nossa segunda natureza, fica difícil discernir o quê. Quer dizer, refletir sobre algo que não a perda em si (talvez não seja totalmente bobagem perguntar: pensar na perda é uma maneira de não pensar em quê?). Em outras palavras, não é óbvio o que estamos fazendo da perda, nem se essa perplexidade essencial nos conduz de alguma forma à vida que desejamos. Muito menos qual poderia ser a preocupação alternativa condizente com uma vida boa ou viável. O que poderia nos interessar se a perda não nos interessasse tanto? Será que somos capazes de reestruturar, de maneira genuinamente produtiva, nossa visão sobre a perda, ou será que nosso destino como animais mortais dependentes e ocasionalmente racionais é simplesmente ver tudo o que fazemos como sendo organizado em torno da perda ou da antecipação da perda?

Quando Robert Hass abriu seu grande poema "Meditação em Lagunitas" com os versos "Todo novo pensamento é sobre perda./ Nisso ele lembra todo velho pensamento", a afirmação parecia ao mesmo tempo incontestável e estranhamente desalentadora. Como se dissesse que nada muda realmente, que na verdade só pensamos em uma coisa; que o pensamento é apenas uma coisa, uma maneira de lidar com a perda. Todo experimento, toda curiosidade, imprevisibilidade, improvisação e complexidade desmoronam diante disso. Podemos pensar – ao menos enquanto pragmáticos – que essa é a forma mais extrema de essencialismo; é nossa fundação, o essencialismo essencial que pode até nos ter apresentado a noção de essência pela primeira vez. Isso, afinal, é ser o imperador de uma ideia só. É com isso que viver em um culto se parece.

A infância era, para Freud e para os psicanalistas que vieram depois dele, primária e exclusivamente uma iniciação à perda. O que chamamos de desenvolvimento é o que fazemos da perda. Recordemos da famosa descrição que ele faz em *Além do princípio de prazer* do que ficaria conhecido como o jogo do *fort-da*, no qual seu neto atirava do berço um brinquedo de madeira amarrado por um barbante para depois puxá-lo de volta para si, exclamando enquanto brincava: "*fort!*" (lá!), "*da!*" (aqui!). Freud interpretou que o jogo seria uma forma de o menino obter domínio sobre as ausências da mãe, reproduzindo simbolicamente a experiência traumática; o pequeno havia transformado aquilo que precisava sofrer passivamente em um jogo que controlava ativamente. Freud sugere que isso é o que fazemos; é assim que até mesmo a cultura funciona para nós, é para isso que a cultura serve – para dominar a perda. Independentemente de o menino estar ou não obtendo o domínio da perda – seja lá o que isso possa significar –, ele certamente requalificou sua experiência das inevitáveis ausências intermitentes da mãe. Ele não supôs que a perda temporária fosse literal, embora, obviamente, ninguém pode saber com certeza se uma ausência temporária se tornará permanente. Mas, afinal, isso seria uma perda ou um jogo? Será que é necessária uma perda para encontrarmos maneiras de transformar, de incitar nossa inventividade? Será possível ver a perda também como uma fonte de inspiração, sem precisar, contanto, recobri-la com um verniz positivo – sem incorrer em um "estado de negação" sobre o que ela é? Se a perda for o ponto, e não o problema – e isso não nos impede de cuidarmos e nos preocuparmos uns com os outros –, talvez deixemos de ser tão aterrorizados e, portanto, tão obcecados e impressionados por ela. Só então poderemos compreender e utilizar a frase maravilhosamente arrogante de Picasso: "Não procuro, encontro". O mais importante seria encontrar, e não perder. A perda não seria mais, por assim dizer, um fim em si mesmo. A perda, quando não é catastrófica, é uma espécie de medo do palco.

Epílogo

É na infância que aprendemos pela primeira vez a abrir mão das coisas. É na infância que somos introduzidos aos benefícios e ao sofrimento muito real implicados na frustração. E, sobretudo, é na infância que somos encorajados a abrir mão de nossa megalomania – nossa presunção onisciente e onipotente de que o mundo é organizado pelo que precisamos e queremos – e a reconhecer gradualmente que as pessoas de que precisamos não estão nem podem estar sob nosso controle remoto. Em outras palavras, tornou-se impossível conversar sobre o crescimento sem conversar sobre o sacrifício. A questão é sempre: o que temos de sacrificar para nos desenvolver, para seguir para o próximo estágio de nossa vida?

Descobrir o que mais pode nos inspirar, além de nossa megalomania, pode ser um dos objetivos mais úteis da psicanálise e até da religião. Porém presumimos que nosso desenvolvimento depende de renunciarmos a alguns aspectos de nossa parte infantil, em especial, nossa dedicação à fantasia da autossuficiência total. As histórias psicanalíticas sobre o desenvolvimento, em outras palavras, tratam de nossa relação com a dependência. Não é possível presumir que superamos nossa dependência, mas podemos dizer que, quando possível, nos adaptamos a ela (somos igual e absolutamente dependentes dos outros ao longo da vida, mas nossa dependência assume formas diferentes).

Entretanto, uma das histórias que obviamente nos marcaram é a de que o suposto crescimento é uma espécie de superação de nossas versões anteriores. A Bíblia já nos diz: "Quando eu era criança, falava como criança, sentia como criança e pensava como criança. Agora que sou adulto, deixei de lado as coisas infantis". Para os ouvidos modernos, essa afirmação soa um pouco dura, para não dizer anticientífica ou simplesmente errada, tanto moralmente como em termos de desenvolvimento. E, no entanto, ela nos faz perguntar se desistir de certas coisas – nesse caso, "deixar de lado as coisas infantis" – envolve destruição ou revisão e reinclusão; nos faz perguntar se, no relato de nosso desenvolvimento, sacrificamos partes de nós ou se as requalificamos. É pressuposto em boa parte das teorias do desenvolvimento (psicanalíticas ou não), por exemplo, que cada estágio de nosso ciclo de vida não seria substituído e descartado, mas incorporado (voltamos a ver o argumento kafkiano: como um dia eu não soube nadar, de certa forma, ainda não sei nadar, mesmo que eu saiba). Que somos, em certo sentido, todas as pessoas que fomos enquanto crescíamos. E isso, é claro, muda a forma como podemos descrever as renúncias que todos estão prontos a aceitar que o desenvolvimento necessariamente enseja.

Talvez uma forma útil de refletir sobre o desenvolvimento como uma renúncia seja considerar o lugar das memórias de infância em nossa vida adulta. É realmente surpreendente que, embora tenhamos vivido cada segundo de nossa infância, nos lembremos tão pouco dela. Mesmo quando parecemos nos recordar muito, estamos diante de um minúsculo fragmento de uma vasta gama de experiências, muitas vezes sentidas intensamente. Portanto, se concordarmos, depois de Wordsworth e Freud, com a ideia moderna de que a infância é, de uma forma ou de outra, ao mesmo tempo formativa e definidora da vida adulta – que, como mostram mais de cem anos de investigação sobre o desenvolvimento infantil, a infância orienta praticamente tudo e determina muito pouco –, nós recorremos a uma fonte inesperadamente obscura.

Ao contrário de nossos textos fundadores (sagrados), a infância como uma origem de certa forma autêntica e autenticadora – ou como mito de criação legitimador – é incrivelmente empobrecida; a despeito de quanto acreditamos nos lembrar das coisas, existem vastas áreas de recordações vazias ou apagadas. E as memórias que temos nem sempre são passíveis de confirmação alheia nem são compartilhadas pelas pessoas que parecem fazer parte delas (como se lembrar da própria infância fosse um ato especialmente imaginativo). A infância, quando rememorada, é solipsista e fugidia, apesar dos poucos destaques, traumáticos ou não, que tendem a ser a base de nossas memórias. As cenas e dramas inesquecíveis que consideramos como nossa infância podem até ser o que Freud chamou, em uma expressão memorável, de "lembranças encobridoras". Para todos os efeitos, ele sugere que pode não haver nenhuma lembrança real da infância; e que o que chamamos de memórias de infância são mais como sonhos ou cenas simbólicas que simplesmente codificam os desejos da infância. Trata-se de uma memória do desejo, não de uma verdade histórica. A consequência traumática e traumatizante dessa visão das memórias da infância foi a escandalosa negação freudiana do abuso sexual infantil. Porém o reconhecimento desse erro, de como Freud negou alguns dos piores sofrimentos da infância, por vezes nos impede de enxergar que seu ceticismo pode ser útil e instrutivo em relação às memórias infantis e ao que significa acreditar nelas. Existem muitas maneiras de levar a infância a sério.

De fato, quanto mais Freud ouvia as lembranças de seus pacientes adultos e a recriação de suas infâncias, mais ele se perguntava sobre o que havia por trás dessa aparente rememoração. Era virtualmente impossível confirmar a veracidade das memórias da infância e elas mudavam à medida que eram recontadas. Isso levou Freud e seus seguidores a questionarem o que os adultos estavam realmente fazendo consigo e com os outros quando falavam sobre sua suposta infância. A questão que não queria calar era: essas memórias eram verdadeiras? Mas outra questão igualmente interessante era: o que as pessoas queriam fazer ao recordar a infância? Em suma, qual é o propósito e a função da memória? Falar sobre a infância é uma maneira de querer o quê? Ou de falar sobre o quê? Quando as pessoas não estão em busca de vingança, de justiça nem do reconhecimento realista de seu sofrimento, o que procuram encontrar na própria infância? Afinal, se é para a infância que devemos olhar em busca de quem somos ou poderíamos ser, não há muito material nem muita evidência à nossa disposição (ainda que toda a evidência possa estar lá, em algum lugar). E, por mais esparsas que sejam, isso torna as memórias de infância ao mesmo tempo devida e indevidamente significativas e, naturalmente, suspeitas. Sua raridade parece sublinhar e levantar dúvidas sobre seu valor. E diante da seletividade gritante de nossas memórias de infância – restam tão poucas dentre tantas –, é forçoso perguntar o que estaríamos omitindo e por que (e onde todas as outras lembranças foram parar). Ninguém precisa ler Proust para perceber que lembranças significativas não podem ser fabricadas; e que as memórias que conseguimos invocar espontaneamente são, com frequência, as menos interessantes, ou as mais perturbadoras.

A solução óbvia para as questões óbvias sobre a infância que a psicanálise revelou possuía uma solução (científica) óbvia: o estudo e a psicanálise de crianças eram uma maneira de validar as recordações infantis dos adultos. Tudo o que precisávamos fazer era nos aproximar da fonte e observá-la. A memória seria informada pela pesquisa empírica; a infância seria vista como um processo de desenvolvimento, não como uma sequência de lembranças. Porém o que muitas vezes não era possível examinar com precisão era o que as crianças estavam fazendo com suas experiências, como estavam digerindo o que vivenciavam. Até mesmo a psicanálise de crianças, por mais reveladora que fosse, não era capaz de expor o coração desse mistério. A razão era muito simples: a infância não é a causa da idade adulta, mas apenas uma condição para ela. A infância podia ou parecia explicar certas coisas sobre a vida adulta, mas não podia ser usada para explicar, muito menos prever, a vida do adulto. Não se tratava de precisar a relação entre a vida adulta e a infância – entre a experiência adulta e a memória de infância –, mas da possibilidade de dizer coisas novas e interessantes sobre essa relação. Se a infância não pode ser revertida, o que mais podemos fazer com ela?

Não podemos observar uma criança criar as próprias memórias; não podemos observar uma criança construir um passado para si; não podemos observar uma criança reinterpretar sua experiência enquanto ela transcorre. E ela também não pode. Seja lá o que for, a infância é tão fugaz para as crianças quanto para os adultos que elas se tornarão. Mas quando falamos de nossa própria infância, falamos sobre algo importante para nós, mesmo que nem sempre saibamos o quê. Porém está claro que deixar de lado as coisas infantis significa deixá-las em alguma parte. E como fomos nós que as colocamos, ao menos algumas delas, ali, sabemos onde elas estão. Em outras palavras, devemos nos lembrar de que abrir mão é uma forma de abrir brechas. E nos perguntar para que, para quem e por que abrimos essas brechas.

Agradecimentos

A maioria dos capítulos deste livro apareceu inicialmente, em diferentes versões, nas revistas *Raritan*, *Salmagundi*, *The Threepenny Review* e *London Review of Books*. Agradeço, como sempre, aos editores desses periódicos que apoiaram minha escrita desde sempre. "Sobre não acreditar em nada" foi apresentado como parte da conferência sobre Freud no Sigmund Freud Museum, em Viena; outros capítulos foram apresentados como palestras na Universidade de York. Em York, Brian Cummins, Hugh Haughton e Kit Fan foram interlocutores fundamentais; assim como Matt Bevis e David Russell em Oxford, que foram muito além de organizar os seminários que ministrei durante tantos anos no Keble College e no Corpus Christi College, "The Poet's Essay" [O ensaio do poeta] e "Ordinary Language Psychoanalysis" [Psicanálise em linguagem comum]. Judith Clark foi parceira essencial.

Dedico este livro à memória de dois amigos queridos e inspiradores.

Índice onomástico

ANDREAS-SALOMÉ, Lou 78
ANSCOMBE, Elizabeth 141

BARRY, Bastian 114
BERRYMAN, John 61
BERSANI, Leo 9, 62
BION, Wilfred 5, 70, 134
BLAKE, William 17, 38, 41
BOLLAS, Christopher 41, 54-56, 107
BRETON, André 92

CAMUS, Albert 26
CAVELL, Stanley 143-44
CHKLÓVSKI, Viktor 39-40, 54
CROWE, John 143

DARWIN, Charles 26, 29, 61-62

EMERSON, Ralph Waldo 145
EMPSON, William 18

FERENCZI, Sándor 115-17
FLIESS, Wilhelm 69, 87
FOREL, Auguste 58
FORRESTER, John 9, 132
FREUD, Anna 136
FREUD, Sigmund 25-30, 40, 43, 47, 50-54, 58-59, 66-81, 84-93, 101-23, 129-44, 148-51

GRUNBERGER, Béla 89

JAMES, Henry 46-49, 57, 61
JAMES, William 5, 60, 63-65, 68, 104, 113
JOHNSON, Samuel 31-33
JONES, Ernest 29, 69, 117
JOYCE, James 43-47

KAFKA, Franz 19-25, 33, 82-86, 92, 99, 108, 124-28, 132, 142-44

KLEIN, Melanie 30

LACAN, Jacques 43-49, 55, 59, 86, 104, 115-17
LEAR, Jonathan 20, 32, 36-37, 90
LETHEM, Jonathan 105
LONG, Michael 33

MACINTYRE, Alasdair 97
MANN, Thomas 101-07, 111-13, 123
MARX, Karl 26
MILL, John Stuart 76
MILNER, Marion 15-17
MILTON, John 93-96, 99-100, 107
MURDOCH, Iris 129
MUSIL, Robert 101-07, 111-13, 123

NIETZSCHE, Friedrich 12, 102, 137

OURY, Nicole 89

PATER, Walter 39
PIERRI, Maria 72

RORTY, Richard 113
ROTH, Philip 132
RYCROFT, Charles 73, 88, 131, 142

SANDERS, Wilbur 34
SARTRE, Jean-Paul 129
SERRES, Michel 112, 130
SHAKESPEARE, William 34
STACH, Reiner 85, 127
STOLLER, Robert 90

TANNER, Tony 93
TREVOR, Hugh 95

WILLIAMS, Bernard 82
WINNICOTT, Donald 27, 50-54, 140

Sobre o autor

ADAM PHILLIPS nasceu em Cardiff, no País de Gales, em 1954. Em 1976, graduou-se em Letras na Universidade de Oxford; pouco tempo depois, iniciou sua formação analítica e a análise com M. Masud Khan, que duraria quatro anos. Passou a atuar como psicanalista de crianças em 1981, integrando instituições como o Institute of Child Psychology, a Hampstead Clinic, a Tavistock Clinic e o departamento de psiquiatria infantil do Middlesex Hospital, em Londres. Entre 1990 e 1997, foi o principal psicoterapeuta de crianças do Charing Cross Hospital. Após dezessete anos de trabalho na rede pública de saúde do Reino Unido, passou a atender em consultório particular. Em 2003, tornou-se editor-chefe das traduções de Freud da coleção Penguin Modern Classics e desde 2006 é professor visitante no Departamento de Letras da Universidade de York. É membro da Royal Society of Literature, da Association of Child Psychologists, da Guild of Psychotherapists e da Society for Psychoanalysis and Psychoanalytic Psychology, além de colaborador da *London Review of Books*, do *The Observer* e do *The New York Times*.

OBRAS SELECIONADAS

On Wanting to Change. London: Penguin, 2021.
On Getting Better. London: Penguin, 2021.
The Cure for Psychoanalysis. London: Confer / Karnac, 2021.
Attention Seeking. London: Penguin, 2019.
Becoming Freud. New Haven / London: Yale University Press, 2014.
One Way and Another. London: Penguin, 2013.
Missing Out. London: Hamish Hamilton, 2012.
On Balance. London: Hamish Hamilton, 2010.
(com Barbara Taylor) *On Kindness*. London: Hamish Hamilton, 2009.
Going Sane. London: Hamish Hamilton, 2005.
Monogamy. New York: Knopf Doubleday, 1999.
On Flirtation. Cambridge: Harvard University Press, 1994.
On Kissing, Tickling, and Being Bored. Cambridge: Harvard University Press, 1993.
Winnicott. London: Fontana, 1988.

Edição
Gabriela Naigeborin

Revisão
Carolina Hidalgo Castelani

Design
Elaine Ramos

Composição
Julia Paccola

Produção gráfica
Marina Ambrasas

EQUIPE UBU

Direção editorial
Florencia Ferrari

Direção de arte
Elaine Ramos; Júlia Paccola e Nikolas Suguiyama [assistentes]

Coordenação
Isabela Sanches

Editorial
Bibiana Leme e Gabriela Naigeborin

Comercial
Luciana Mazolini e Anna Fournier

Comunicação/Circuito Ubu
Maria Chiaretti, Walmir Lacerda e Seham Furlan

Design de comunicação
Marco Christini

Gestão Circuito Ubu/site
Laís Matias

Atendimento
Cinthya Moreira e Vivian T.

TÍTULO ORIGINAL: *On Giving Up*
© Adam Phillips, 2024
Publicado pela primeira vez no Reino Unido em 2024 por Hamish Hamilton, um selo da Penguin Books

© Ubu Editora, 2024

IMAGEM DA CAPA © Everton Ballardin & Marcelo Zocchio, *Entregar os Pontos*, 2024. Da série Pequeno Dicionário Ilustrado de Expressões Idiomáticas (1999–).

1ª reimpressão, 2024.

Dados Internacionais de Catalogação na Publicação (CIP)
Elaborado por Vagner Rodolfo da Silva – CRB-8/9410

P558s Phillips, Adam [1954–]
    Sobre desistir / Adam Phillips; traduzido por Breno Longhi. Título original: *On Giving Up*.
    São Paulo: Ubu Editora, 2024. 160 pp.
    ISBN 978 85 7126 164 8

1. Psicanálise. 2. Psicologia. 3. Terapia. 4. Saúde mental.
5. Filosofia. I. Longhi, Breno. II. Título.

2024-302   CDD 150.195   CDU 159.964.2

Índice para catálogo sistemático:
1. Psicanálise: 150.195 2. Psicanálise: 159.964.2

UBU EDITORA
Largo do Arouche 161 sobreloja 2
01219 011 São Paulo SP
ubueditora.com.br
professor@ubueditora.com.br
📘 📷 /ubueditora

Fontes Platform e Tiempos
Papel Pólen bold 90 g/m²
Impressão Margraf